一路走来

出版人的思与悟

主编　黄凤显

中央民族大学出版社
China Minzu University Press

图书在版编目（CIP）数据

一路走来：出版人的思与悟 / 黄凤显主编 .—北京：中央民族大学出版社，2021.12
ISBN 978-7-5660-1988-2

Ⅰ.①一… Ⅱ.①黄… Ⅲ.①少数民族—出版工作—广西—文集 Ⅳ.①G239.276.7-53

中国版本图书馆CIP数据核字（2021）第251583号

一路走来

出版人的思与悟

主　　编　黄凤显
责任编辑　杨爱新
封面设计　何世春
出版发行　中央民族大学出版社
北京市海淀区中关村南大街 27 号　邮编：100081
电话：68472815（发行部）　传真：68932751（发行部）
68932218（总编室）　68932447（办公室）
经 销 者　全国各地新华书店
印 刷 厂　北京鑫宇图源印刷科技有限公司
开　　本　889 × 1194　1/32　印张：6.125
字　　数　170 千字
版　　次　2021 年 12 月第 1 版　2021 年 12 月第 1 次印刷
书　　号　ISBN 978-7-5660-1988-2
定　　价　30.00 元

出版说明

《一路走来——出版人的思与悟》是在出版工作中认真耕耘的多位编辑、校对人员的最新专业论文合集，反映了新时代出版工作环境下，他们的思考和感悟，对“发现出版工作中新问题、探讨解决问题之道”有一定的借鉴、启发意义。

整部书稿包含28篇专业论文，大致可以分为以下几个研究方向。

第一个研究方向是就不同类别图书的编辑出版工作经验进行总结，包括《浅谈民族图书的几点编辑心得》《浅谈民族文化类图书的编校注意点》《民族文化图书编校过程中要注意的几个问题》《新时代民族医药图书的出版展望》《新时代民族历史出版物的编辑思考》《地方教材特性刍议——以广西民族出版社〈壮美广西〉为例》《古诗文对照注译图书编辑工作经验谈》《新时期民族传统文化童书的发展趋势与创新思考》《国内原创儿童绘本发展路径探析》等。

第二个研究方向是数字时代的编辑出版工作，包括《浅谈数字出版》《大数据时代下的编辑工作》《新媒体环境下图书出版编辑工作创新分析》《浅析数字时代背景下民族出版的现状和发展》等。

第三个研究方向是编辑、校对工作及人才培养，包括《浅谈现代校对》《浅谈校对人员业务素质的提升》《浅论图书编辑应具备的素质》《新媒体时代下编辑身份的解构与重构》《关于出版中级考试》等。

第四个研究方向是探讨书稿中具体的技术性问题，如《试说审稿时遇到的汉语名物化现象》《浅论壮文翻译“官方”与“民间”

的良性对话》。

第五个研究方向是图书设计与图书营销，如《传统书籍形态和视觉元素在书籍设计中的应用》《可视化视角下四类畅销图书封面颜色特征对比研究》《美术色彩图书市场分析》。

第六个研究方向是出版中的意识形态管理，如《浅谈编务工作者在意识形态工作中应挑起哪些新任务》。

另外，还有基于具体出版项目的编辑感悟，如《出版人的时代使命——〈人间有大爱——抗击新冠肺炎疫情诗选〉出版始末》。

从导向上来说，这些论文都能以习近平新时代中国特色社会主义思想为指导，树牢"四个意识"，坚定"四个自信"，做到"两个维护"，坚守出版事业初心。从内容上来说，这些论文能立足新的形势，结合实际工作，守正创新，视角较为全面，观点正确，论证严密，感悟真切。从作用、意义这方面来说，这些论文提出的建议、方案有可行性，对实际工作有启发效果，具有一定的学术价值、出版价值。

目录

责任编辑在图书项目管理中需注意的问题

徐　美

图书责任编辑，是图书的第一责任人，在图书整个出版过程中至关重要，是最关键的人物，一言以蔽之，就是对自己所担任责任编辑的图书，自始至终承担着最大的责任。对出版社的编辑而言，第一要承担图书的政治责任，严把导向关，坚守意识形态主阵地，严格执行新闻出版的法律法规，保证图书的社会效益；第二是业务责任，也就是要具有书稿编辑加工能力和图书质量保证等专业能力；第三是经济责任，尽量做到图书出版所产生的经济效益最大化。《图书质量保障体系》（中华人民共和国新闻出版署〔1997〕8号，1997年6月26日起施行）第二节“中期保障机制”第九条规定：“坚持责任编辑制度。图书的责任编辑由出版社指定，一般由初审者担任。除负责初审工作外，还要负责稿件的编辑加工整理和付印样的通读工作，使稿件的内容更完善，体例更严谨，材料更准确，语言文字更通达，逻辑更严密，消除一般技术性差错，防止出现原则性错误；并负责对编辑、设计、排版、校对、印刷等出版环节的质量进行监督。”其中，除了对责任编辑提出具体的专业工作要求之外，还提出责任编辑“负责对编辑、设计、排版、校对、印刷等出版环节的质量进行监督”，在《作者编辑常用标准及规范》（第四版）一书中，《图书编辑工作基本规程》（新闻出版署图书

司文件　图管字〔1998〕98号）1.3条也指出："编辑工作不是简单的技术工作，有其自身的规律。编辑学是一门独立的学科。要在选题、组稿、审稿、加工整理、整体设计等编辑实践中总结探索它的规律性，并以此指导实践活动。"1.4条指出："编辑工作是一项系统工程。各环节相互联系、制约和促进，具有严密的整体性，而每一环节又具有相对的独立性。各环节中有许多工序，相互之间同样具有制约性和相对独立性。一个环节、工序的工作影响着另一个或几个环节、工序乃至全部编辑工作。这就既要从宏观上把握编辑工作的整体性，又要在微观上抓好每一个环节、工序的工作，处理好局部和全局的关系。要用严密的制度规范各自的职责和相互关系，使整个编辑工作协调一致，高效率运转。"实际上，这里也对编辑提出了具体工作要求，其中所提及的图书出版过程中所有的环节，责任编辑都应该参与其中，担当责任，做好整个图书出版各流程的项目管理工作。

目前，每个出版社的管理模式各不相同，比如，我社图书出版工作就是以各编辑中心为单位进行管理和考核，有重大图书项目和特殊的紧急项目时，会采取专门的项目小组形式，社班子确定项目负责人，编辑中心、设计中心、总编办公室、出版部、营销中心甚至财务部门选定专人参与项目小组，开展工作，确保项目的顺利进行。据了解，也有不少出版单位采取项目管理制，对社项目或者编辑策划的项目采取社内竞标的形式，由取得资格的部门或者编辑牵头成立项目小组，负责整个图书项目的全过程。虽然管理模式各不相同，但目的只有一个——顺利完成工作任务，把图书项目做好，出版既有良好的社会效益又有可观的经济效益的图书精品。

无论是需要团队精诚合作的重点图书出版项目，还是一个普通的图书项目，责任编辑一定要全权负责到底，其中综合管理能力至关重要，把自己所承担的每一本图书作为一个项目来管理，参与整个流程的管理工作，这样才有利于图书的顺利出版。针对图书出版流程的各个环节要遵守的具体规定和要求，《图书编辑工作基本规程》（新闻出版署图书司文件　图管字〔1998〕98号）制定了细则，图书编辑出版从业者都要认真学习，严格遵守，本文中不一一赘述，只针对具体工作中，责任编辑在项目管理工作的不同阶段和生产环节应该注意的各种问题做简要梳理。

项目管理的第一步：图书选题策划

图书选题的策划，是图书项目管理的第一步，是责任编辑首先要履行的编辑责任。选题策划论证是出版工作的重要环节，是决定图书质量的第一步，无论是编辑自主策划的项目，还是自来稿或者其他的社项目，都需要进行选题的策划、优化及论证。选题策划必须围绕党和国家的中心工作，服务大局，根据市场热点、读者需求进行市场调研，掌握同类图书信息，充分运用出版社的优势和自己的专业优势，与专家学者以及创作团队等作者沟通，征求多方意见。

在这个阶段，特别需要注意的是梳理当年及未来几年的市场热点，明白自己为什么策划此类选题，积极与本社的发行营销部门同志沟通，多听取发行一线同志的意见，避免闭门造车。编辑与发行如果沟通不畅，达不成共识，往往会造成彼此埋怨，编辑认为发行不得力，发行认为编辑策划的选题得不到市场的认可，等等。所以，在有选题想法并进行初步的调研后，责任编辑要及时与发行营销部门沟通，听取意见，优化选题，经过部门初步论证，提交出版社选题论证会论证，利用集体智慧，弥补编辑个人的认知不足，从而确定准确、科学并符合图书出版管理规定的最佳选题方案。

项目管理的第二步：组稿和合同签订

选题方案按出版社的程序和规定，经过论证确定并报送主管部门审批通过后，进入组稿和合同签订阶段。如果确定的选题规划是没有书稿的，就要与选定的作者签订约稿合同（协议），如果是已经完成的书稿，经过最初的审读，符合使用条件，就可以签订图书出版合同。

在这个阶段，我认为编辑在项目管理上应该注意的是要制订整个项目的时间进度安排表，最好采取挂图作战的形式，一书一表，按计划定好出版时间，往前推算出书稿交付、三审、编辑加工、版式及封面设计、发排、三校等各个工作流程的时间安排，这样才能随时提醒自己在哪个时间阶段必须完成哪项工作，避免多个项目交叉时造成时间拖延。这是项目管理的有效手段。在合同的签订上，目前各个出版社的约稿合同（协议）及图书出版合同不尽相同，责任编辑在本社格式化的合同基础上，必须注意合同签订的细节，比如：图片授权是否可以用于本书稿之外的其他图书；影视剧的改编权；电子出版物授权；多媒体运用的授权，比如喜马拉雅听书等；版权有效期是否可以尽量延长；等等。在涉及印数时，应及时与发行营销部门沟通，达成共识，确定最终的印数，如果有不同意见，根据项目的具体情况，可以请主管领导参与决策。针对不同书稿及作者，如果有些条款在格式化的合同中没能体现出来，责任编辑必须补充完备，形成完整的合同。

项目管理的第三步：书稿的三审及加工整理

书稿的三审，是整个图书出版工作的中心环节。三审质量决定着出版物的质量，也是实现图书社会效益和经济效益的基础。初审、复审和终审，三个环节缺一不可。责任编辑承担的初审工作，最能体现编辑的政治素质和业务能力，作为编辑，必须严把出版导向关，在稿件的审改过程中，始终注意政治性和政策性问题，同时要从专业角度，对书稿的科学性、艺术性和知识性问题把关，从而审查书稿的社会价值和文化艺术价值等，还要利用编辑的专业知识，依据编辑出版方面的各种规范对书稿进行修改。初审的要求，必须严格遵守《图书出版管理规定》《图书质量管理规定》和《图书编辑工作基本规程》中的要求，严格遵守和图书出版相关的各种国家标准及规定，这里不一一列举，稿件按要求审改完成后，撰写审读意见，提交复审、决审。

稿件经复审、决审同意出版后，进入编辑加工整理阶段。

这个阶段，对责编而言，是耗时最长、付出劳动最多的阶段。对加工整理，图书编辑工作基本规程中有明确而具体的规定，编辑必须牢记于心，严格遵守。这个阶段在项目管理上需要注意的问题是充分运用自己的知识储备和专业知识发现书稿中的所有问题并针对稿件中的问题，与作者沟通修改。优秀的作者队伍，始终是出版社可持续发展的基础，编辑必须与作者建立真诚的友谊，尊重作者，如果稿件存在必须修改的问题，尤其是重大的删改，编辑要及时提出，同作者沟通协商。提出的修改意见一定要有根据，言之有理，不能强加于人，编辑根据自己多年来的出书特色优势和坚持不懈的工作，吸引和团结的作者队伍，是出版社的财富，一定要珍惜。在沟通解决问题时，要讲究方式方法，如果是十分重要的作者，可以请领导出面，一起协商，顺利完成稿件的修改。与作者之间的沟通信息和修改意见，一定要保存好书面记录，有大的删改的书稿，还需要重新三审并填写审稿意见。目前，不少出版社编辑采取初审和加工整理同时进行的工作模式，如果书稿在选题论证及接稿通读时，已确定可以出版，初审时进行加工整理未尝不可。如果责编对书稿的政治倾向、艺术品位、社会价值等还没有充足的把握，也可以先通过三审，再进行编辑加工，以免三审不通过而做无用功。对已完成编辑加工整理提交复审的稿件，一个合格的编辑要注意自己初审并加工过的书稿的质量，应该竭尽全力把所有问题消灭在责编编辑加工的阶段。有些编辑觉得还有复审、决审和校对等环节把关，就放松审稿工作，这种观点不正确。每个环节的侧重点和工作职责是不一样的，责编如果完成了书稿的加工整理提交复审的稿件还存在很多错别字、语病、资料核查不准确、科学性和知识性错误等硬伤，自己的初审和加工整理工作就是不合格的。对复审、决审的意见，责编必须认真研究，逐一落实。三审及加工整理完成的书稿，在发排后，根据工作安排，可以向编务部门提出书号申请。

在书稿进行加工整理阶段，责任编辑就可以向设计部门提出设计申请，给设计者充裕的时间，同时把书稿的内容、作者的要求、营销的想法等与设计者沟通，确定好开本、用纸、平精装等，形成整体设计方案。如果设计上有特殊工艺的，还需要与负责排版印制的出版部同志沟通，避免设计完成后工艺上操作困难、成本提高或者因工艺复杂时间无法保证等问题发生。这个阶段在项目管理上，编辑还应该及时建立该图书项目的档案表，表格的内容可以自行设计，包括时间、选题号、合同号、书号（条码、CIP数据）、作者（单位及联系方式），初审、复审、决审、设计、发排、校对等分别由谁承担，该项目的经费情况、印数情况、承接印制的工厂、送书地址、作者样书、作者稿酬发放情况等逐一列出备填，另外，还要设置备注栏，今后该图书项目相关的书评介绍等文章发表或者获得的各种奖项等信息，要及时补充完整，以备今后查询。要尽量详细，这样才能形成完整的图书项目档案。虽然目前不少出版社采取了ERP等多种形式的软件管理，编务部门也会按照一书一档的要求建立图书档案，但责编对个人承担的图书项目建立完整的表格式图书项目档案十分必要，不仅有利于今后该项目的重印或者其他拓展等工作，也有利于责编自己将来的职称评审或参加业内的评优活动等。

项目管理的第四步：书稿的发排、三校一读及付印

书稿三审及加工整理完成后，进入到发排环节。这个环节的主要工作是由出版印制部门与排版、印刷单位对接，将书稿发排。

在这个工作环节中，责编需要注意的是要将齐、清、定的完整稿件按顺序整理好，同时将整体设计方案一并提交（如果排版和印刷是不同的单位，要注意工作的衔接），按要求填写发排单。格式化的发排单有的比较简单，除填写基本信息外，对需要特别注明的问题，最好把排版说明以文字形式打印出来附在书稿上提交。以我社图书《信仰的力量——湘江战役故事集》为例。（1）排版顺序：封面、前衬（特种纸）、扉页（背后版权页）、编委会页（背白）、前言、目录（单页起排）、正文（单页起排）、后记、后衬（与前衬同）；（2）开本——16开；（3）正文字体5宋（按版式设计）；（4）成品规格175 mm × 245 mm……每本书的排列顺序不同，成书标准也不同，按照具体情况写清楚并提交。书稿发排之后，责编注意按时间进度关注和督促排版工作，有问题及时去排版、印刷单位处理。排版回来的稿件，责编最好大概梳理一下，再交给校对。封面、护封、环衬等与设计相关的，也要打样交设计者审核。

三校工作是编辑工作的继续，一般由专职校对人员完成，优秀的校对常常能发现责编没有发现的问题。这个环节中，编辑除了关注校对的时间进度，还要注意核查校对提出的问题，逐一解决。二校是比较关键的时间点，二校样最好多打一份交作者通读，叮嘱作者如发现问题，直接在纸样上标出，提醒作者切忌反复在电子文件上更改，以免造成印厂文件混乱及编校工作的麻烦。作者退回二校样后责编也要看，尤其重点图书，只有反复看样，才有助于保证图书质量。书稿三校完成后，打出清样，责编必须以高度的责任感和使命感认真细致通读，审读清样和初审稿件及编辑加工不同，要把清样当作一本出版了的图书来进行最后的把关，力争印前消除所有的差错，方可签字付印。书稿签字付印后，承印厂完成印刷，在批量装订前，根据工作流程，必须先送一本装订的样书给出版社做最后的检查，这个步骤一定不能省略。责编拿到样书，第一时间进行最后的检查，这项工作非常重要。在检查中，对图书的印装顺序、页码顺序、有无倒装页等都要细心检查，还要对扉页、目录、前言、后记、版权页等关键的地方进行检查，如果责任编辑不参与检查，其他环节的同志可能发现不了问题。给大家举个例子，当年我做责任编辑时，对我责编的一本图书做装订前的最后检查，发现版权页的出版社名一字之差变成了其他出版社，按说这是很低级的错误，一般不可能发生，我拿清样来对，清样没错，应该是印刷单位的责任，幸好及时发现，印刷单位重印版权页，如果装订出厂了，无论是谁的责任，都会造成很大的损失和不良的社会影响。

项目管理的第五步：图书发行及后续其他管理工作

图书完成印刷入库后，进入到发行环节，发行工作一般由出版社的发行营销部门承担。在图书出版后，责任编辑的管理工作并没有结束，依然要关注自己图书的市场情况并做好相关的宣传工作。在互联网时代，发行的模式也产生了巨大的变化，除了传统的书店销售，还有网络营销和直播带货等多种渠道模式，对责任编辑而言，基于对图书内容和作者的深度了解，在营销方案的策划制订和实施过程中，应该积极参与配合，扩大图书的影响力。无论是图书分享会，还是读书赠书等其他营销活动，在撰写宣传文稿、邀请作者等工作中，发挥积极作用。与本图书项目相关的宣传文章、活动报道等，要收集整理好，及时归入档案留存。图书出版后，责编还要及时履行合同，督促配合编务部门寄送样书给作者，尽快支付稿酬，协助编务部门做好一书一档的整理并完善自己建立的该项目的图书档案。最后还要注意，在有机会申报各种图书相关的奖项时，积极申报参评，力争图书获奖。

结语

图书项目的整个编辑出版流程，是一个复杂的系统工程。我在文中简要总结归纳成5个步骤，实际上具体工作中，还涉及很多环节，不同部门的多人参与，还有不同项目的具体情况、不可预料的问题等等，不是责编一个人可以完成的。但对书稿的责任编辑而言，所有的环节、沟通管理工作必须贯穿始终。这也体现了一个优秀的责任编辑的团队协作能力和综合管理能力。有些没有施行项目管理制的出版社，责任编辑的权力有限，跨部门的协调有一定难度，所有环节中的同志，比如复审 、决审、设计、校对等等，都会同时承担多个工作项目，在时间上也会因安排不开造成拖延。但责编为了能使自己承担的项目圆满完成，必须承担起沟通协调的责任，这需要一定的智慧，在不同的时间节点上督促相关部门同志，不断提醒，遇到在某个环节出问题，及时出面解决，协调不了的，也要请分管领导出面解决，以免因沟通不畅造成项目拖延，互相埋怨，推诿责任。作为从事图书编辑出版30多年的老同志，我在实际工作中，经历过困难、挫折，也取得了不少成就，积累了一定的编辑管理经验，希望能尽可能多地传授给出版队伍的后来人，让新人少走弯路，尽快成长，让我们民族出版事业后继有人，得到更高质量发展。

（徐美，广西民族出版社）

浅谈民族图书的几点编辑心得

张惠琼

20年前，当我走进出版行业，第一次接触出版，就与民族图书结下了不解之缘。说到民族图书，许多出版社轻易不敢涉足，不仅因为它一直是比较小众的出版领域，读者多为民族文化的研究者和爱好者，不像普通图书读者那么广泛，更重要的是这是一个特别专业的出版领域，它要求出版者必须对国家的民族政策、宗教政策，对少数民族的风俗习惯、民间信仰和民族禁忌等都要比较了解，有较扎实的知识储备，否则就特别容易“踩雷”。这20年来，我从一个懵懂无知的编辑小白成长为一名既做策划又做责编的编辑，编了许多本民族图书，其中的甘苦一言难尽，却也累积了一些策划与编辑经验，这里仅谈四点体会，也算是对自己多年民族出版工作的一个总结。

一、对国家民族政策的了解，是对编辑的最基本要求

我国的民族政策，实际上大多是有关少数民族的政策。它是党和国家根据马克思主义民族理论，结合我国多民族的基本国情和民族问题长期存在的客观实际制定的，其本质是促进各民族平等团结、发展进步和共同繁荣，是正确认识和处理民族问题的重要行为准则，是我国政策体系的重要组成部分，更是我们开展民族出版工

作的思想基石和行动指南。做好新时代民族出版工作，必须牢牢把握铸牢中华民族共同体意识这一主线，通过策划出版合乎时代要求的民族图书，为不断增进各民族成员对中华民族这一共有身份的认同，为加强各民族交往交流交融，促进各民族像石榴籽一样紧紧抱在一起，共同团结奋斗、共同繁荣发展做出我们自己的贡献。

从事民族出版工作的编辑应认清自己的时代使命，掌握国家民族政策，掌握出版法规中对民族宗教内容的出版要求，通过深入学习习近平总书记对新时代民族宗教政策和民族工作、宣传思想工作的一系列重要论述，学习《民族政策白皮书》《图书、期刊、音像制品、电子出版物重大选题备案办法》等一系列重要文件，增强民族工作意识，加强民族政策储备，才能在实际工作中不出现政治性、导向性错误。

二、对民族习俗与禁忌的了解，是对编辑的最大考验

民族文化浩如烟海，在历史发展的长河中灿若星辰，其中既有精华也有糟粕，要判断什么是我们现在最需要、也最应该宣扬的，这是对编辑的民族文化知识的一大检验。甚至可以说，它不仅是对民族文化知识的检验，也是对中国传统文化知识及对现状认识程度的检验。没有对民族习俗、禁忌的深刻理解，怎能知道哪些民族文化或思想观念对中华民族优秀传统文化的传承有促进作用？哪些内容又会伤害民族情感呢？

我们在业务培训中，听得最多的出版事故，都是涉及民族习俗、宗教与禁忌方面的。如：在出版物中出现带着猎奇心理详细描写少数民族特殊风俗的文字；错误表述信仰伊斯兰教的少数民族的饮食禁忌，丑化他们的神灵的文字和图画；等等。这些出版事故不仅严重影响了出版社的社会声誉，给出版社带来了较大的经济损失，更为严重的是它们在当年产生了比较恶劣的社会影响，严重伤害了少数民族情感，影响了民族团结。究其原因，是编辑对少数民

族的习俗与禁忌不够了解，头脑中又没有绷紧“民族出版无小事”这根弦所致。可以说，这些案例，为我们的民族图书出版敲响了警钟。

近几年，随着出版纪律的进一步严明，这样的事件发生的概率已经很小了，但我们仍然不能掉以轻心。因为在实际工作中，我们还是会经常接触到涉及少数民族敏感问题的书稿。如谈到民间信仰，我曾责编的一本介绍瑶族文化的图书给我的印象就特别深刻。该书比较全面地介绍了广西金秀瑶族的民族文化，其中不可避免地有关于瑶族独特的男子成人礼——度戒的介绍。审读书稿时，我发现书稿对度戒仪式的每个环节与步骤都有较详细的描写，特别是对每一个环节、步骤所表达的民间信仰诉求等更是事无巨细地进行了介绍，其中不乏大量带有封建迷信色彩的内容。这些内容违反了民族出版法规要求，必须对其进行大幅度的编辑修改，否则难以出版。鉴于该书对金秀瑶族的民族文化介绍得比较全面，且文笔、配图等也很精彩，是一本不可多得的瑶族文化图书，为使该书能够顺利出版，我对书稿中度戒仪式的内容作了如下处理：一是不采用全部删除的方式简单粗暴地省略掉这部分内容，而是尊重这一瑶族民间信仰习俗，保留了对度戒每个环节与步骤的介绍。二是虽然保留了有关介绍，但化繁为简，不对每个环节与步骤进行详细描写，而是提炼重点，点到即止。三是将每一环节所代表的民间信仰诉求总结归纳，删掉封建迷信部分，结合其社会意义和民族特点，进行一个总的介绍，突出仪式对瑶族的重要性。四是将上述修改情况告知作者，与作者共同商讨，进一步完善。最后，在我的坚持与努力下，该书最终顺利出版，并入选第二届“向全国推荐百种优秀民族图书”。

近几年，我策划并责编了几本民族文化儿童绘本，其中有关民族敏感问题的内容竟时有发现，且更为隐蔽。还有涉及民间信仰的，如绘本中出现了祭祀的场面，有些插画作者处理得比较高明，只是用图画来表现大场景，既与文字吻合，又能表现民族活动场面的盛大；而有的绘本插画则是直接画出了祭祀中各种“神灵”的面貌与举动，且画得比较丑陋，不仅影响孩子的审美，而且在丑化少数民族心目中的“神灵”形象的同时，也隐隐地流露出一丝迷信的意味，容易使孩子们对民族文化的认知出现导向偏差。

三、作者的编写水平，是决定出书水平的关键

一直以来，民族图书的优质作者数量都比较少，出版选题基本围绕他们的写作领域进行策划和组稿，特别突出的选题不多。随着国家提出大力弘扬中华优秀传统文化，坚定文化自信，作为其中重要组成内容的民族文化也受到了前所未有的重视。相应地，对民族图书的出版也有了更高的要求。因此，要编好书、出好书，最重要的是发掘更多的优质作者，对民族文化研究领域的作者有透彻的了解，尽可能做到对各研究单位、高校等从事民族文化研究的人才心中有数。同时，为了找出优质的作者，也需要了解他们的知识文化底蕴和文字风格，区分他们的研究领域，这样才能做到“用其所长”。人都是有强项也是有弱项的，有的人善于理论研究，却不善于著书立说；有的人文笔虽好，但缺乏深入研究做支撑，写不出有深度的作品。熟悉了作者的个人特色与研究领域，策划组稿时就能做到有针对性地找到合适的作者，为图书的编写打下好的基础。如：打算出版有关京族民歌文化的书稿，对京族喃字进行整理和抢救，对京族传统节日哈节进行介绍，可以请京族中长期从事本民族文字与文化研究的资深研究者来编写；打算出版一本向年轻人普及民族纹样的通俗读物，可以请高校中研究民族纹样的年轻教师来担任作者；若是出版民族类的儿童绘本，可以请本民族的插画作家来负责插画，从画中可以看到作者自然流露的民族情感。

同时，编辑应该看到每个作者都有一个从不成熟到成熟的过程。在摸清他们的写作能力后，必须允许作者有一个积累经验的过

程。仅仅由于经验不足而在写作时出现民族问题，编辑应当从旁助作者一臂之力，帮助作者认识到问题所在，注意规避。编辑因接触这类选题比较多，也可以为作者提供一些有益的建议，做些去粗取精的修改。同时，可与作者耐心交流商讨，尊重作者，不把意见轻易强加于人。相信经过这样的磨合，书稿的编写质量必能达到出版预期。

综上，为得到出版社需要且质优的民族图书稿件，以保证出版水准，最根本的一条是发掘作者、网罗人才，培养他们、团结他们，建立一支高水平的从事民族文化研究与创作的作者队伍。

四、不断提高自己的编辑水平，是保证编辑质量的前提

首先，要努力提高自己的政治素养，牢固树立“四个意识”，坚定“四个自信”，做到“两个维护”，保证书稿不出现原则性问题。其次，要努力提高对民族政策的理解能力，力求能对书稿修改提出中肯的意见，而不能因为把握民族政策不准确，导致提出错误甚至荒谬的建议。再次，要努力提高对书稿的理解能力和自身的文字功底。编辑对书稿进行改动时必须慎重，不可偏离作者要表达之意，不可将自己的写作习惯强加于作者，切忌将自己置于作者之上。最后，编辑要改动书稿，只能改得更好，更简练贴切，更符合作者的行文风格。为了这个目标，编辑需注意不断提高自己的知识水平和编辑加工能力，深化对作家和某些民族现象、民族问题的理解，锻炼自己的逻辑思维能力，提高自己对装帧的审美能力，还要认真收集和阅读大量有关民族文化的资料和书籍，经过认真分析、学习和研究，去粗取精，去伪存真，才能为读者奉献民族文化精品图书。

从事了20年的民族图书出版工作，以上所说皆为自己在实际编辑工作中体会最深的，也是最常遇到的问题。受个人能力与水平所限，这些心得、经验与现在的民族图书编辑的要求仍有些距离，

希望通过此文进行自我总结并为后来者提供参考的同时，自己也能得到更专业的指点，快些进步，早日达到新时代民族图书编辑的要求。

（张惠琼，广西民族出版社）

参考文献

[1] 贺圣遂，姜华：出版的品质[M].上海：复旦大学出版社，2012.

浅谈民族文化类图书的编校注意点

黄一清

传承优秀的民族文化，是习总书记指出的新形势下宣传思想工作的重要使命之一，也是民族出版社的一项重要任务。以广西为例，广西是一个多民族聚居的地区。这里，共同生活着十二个世居民族，蕴藏着丰厚的民族文化。作为出版人，我们有责任和义务，通过图书这一载体，把这些优秀的民族文化记录下来，使之流传下去。与一般图书相比，民族文化类图书具有很强的政治敏感性，涉及民族学、人类学、社会学等方面的知识，涉及面广，各方内容交错混合，万一出现问题，则极有可能不仅仅局限于简单的编校问题，而是会涉及政治性、敏感性的错误，极个别甚至会引发破坏民族团结的事端。编校人员虽然不容易做到成为民族文化方面的专家，但对相关的大体情况和常识问题应有所了解，同时，在把控此类书稿时，既要做到在政治导向、理解国家政策等这些大的方面不出现偏差，也要在编校细节上严加把控，避免在认识或表述上出现知识性差错。

本文将简述作为出版人所应该了解的我国民族政策的概况和新时代的新内容，尝试分析如何在政治导向、民族宗教方面把控好民族文化类图书的相关表述原则，并摘取工作中的部分错例简要说明在编校过程中容易出现的民族文化类的质量问题。

一、要了解我国民族政策的概况和新时代的新内容

要做好民族文化类图书稿件的编校工作，首先要对我国的民族政策有一个基本的了解。

我们国家对民族问题一直高度重视，确立了以民族平等、民族团结、各民族共同繁荣和民族区域自治为核心的民族理论政策框架和基础。经过新中国70多年的不断发展，我们国家在不断总结处理民族问题的成果和经验、借鉴和吸取世界上别国存在的问题和教训的基础上，逐步形成了比较科学的理论政策体系，并日益丰富完善。这一体系涉及范围极广，也是我们出版工作应该遵循的内容。比如：我国是各族人民共同缔造的统一的多民族国家，这就指明了国家统一、民族团结是各族人民的最高利益；解决我国民族问题的根本道路是中国特色社会主义道路，基本政策是民族区域自治，这就指出了解决民族问题的基本指向和民族区域自治制度的重要地位和作用；认为社会主义时期是各民族共同繁荣发展的时期，民族间的共同因素增多，但差异也将长期存在，这一点为正确表述我国现阶段的民族关系提供了依据；各民族一律平等，对民族在历史渊源、生产方式、语言文化、风俗习惯、心理认同等方面的特征给予充分的尊重，并支持少数民族文化的保护、传承、发展、创新，这一点可以作为民族文化传承方面的出版工作的根本原则；等等。

同时，时代在不断发展和变化，民族政策和民族理论在新时代新形势下也有了与时俱进的新内容。习总书记在2019年9月的全国民族团结进步表彰大会上提出的“九个坚持”，就是2014年“八个坚持”的进一步延伸和深化。“四个共同”的提出，澄清了在民族问题上的一些重大是非和模糊认识。在顺应时代发展进步要求、把握时代格局变化的基础上，习总书记提出了“构建人类命运共同体”的伟大理念，提出要筑牢中华民族共同体意识，形成中华民族多元一体格局的新理念，等等。这些新理念的提出，源于历史的根基，更契合时代的要求，充分体现了我们党民族政策和民族理论的

一脉相承和与时俱进，也为我们坚定“四个自信”、做好新时代民族出版工作提供了更全面的视角和更独特的思考方向。我们在出版工作中，更应顺应时代趋势，树立正确的历史观、民族观、宗教观和文化观，积极思考如何表现民族的多元文化，更要注意体现民族的“共同体”和“多元一体”的时代趋势，促进各民族文化的交往交流交融。

二、要极为注意民族文化类图书中的表述原则

民族文化类图书，不可避免地要涉及民族的族源、宗教信仰、民风习俗、生活习惯等，这就要求编校人员有“火眼金睛”，对相关的显性或者隐性的问题把握准确。

首先，要把好书稿整体的政治导向关。民族文化类出版物的编校工作，要把防范政治性、导向性问题作为重中之重的任务，尤其要注意防范整体倾向性的问题。因为很多整体倾向性问题是隐蔽的，很容易被忽略。这也是我们工作中比较困难的地方。比如某些关于少数民族地区的所谓纪实性描写，采用所谓的用事实、证据说话的手法，按照不同的材料、逻辑顺序等精心安排，在书中穿插零散的但暗含关联的叙述来暗示性地否认党和国家几十年的发展建设成果。这些描述，总体倾向是和党中央的宣传口径完全相悖的。这就要求编校人员要看到文字背后的东西，对书稿中的立场、观点以及文字、插图中的错误倾向具有较高的敏锐度和较强的鉴别能力，发现书稿所表现出来的整体倾向性问题。

其次，要把握民族、民俗、宗教方面的具体表述原则。在大方向上，必须了解宗教和民族问题交织的复杂性，必须坚持党对宗教和民族的方针。除了把控书稿整体倾向外，民族、民俗、宗教等方面的具体表述也要反复思考，慎之又慎。对风俗习惯的描述，要注意过去存在现在消失的，要谨慎处理，说明情况；现在存在但本民族不愿意宣扬的，不要提及。相关描述一定要准确，不能曲解。

同时，在少数民族的宗教信仰和民族禁忌方面，我们要注意民族宗教的错误思潮和极端思想。在广西的十二个世居民族中，宗教信仰、原始崇拜互相交错，宗教方面的禁忌容易和少数民族的风俗禁忌交杂在一起；一些民族有皈依、持戒的习俗，很多民族在居住、饮食、婚姻、丧葬、节庆、礼仪、服饰等方面都有着独特的风俗习惯。我们在编校过程中要注意尊重这些禁忌和习惯。少数民族的风俗习惯包含了很广泛的内容，且往往牵涉一些原始崇拜的成分，因此，要注意界定宗教信仰、民族风俗和封建迷信的区别。主要区别在于正常的宗教信仰活动受法律政策保护，封建迷信活动受法律政策禁止和取缔。同时，关于民族风俗和封建迷信的把控，要看整个描述所体现出来的价值观是否积极正面，立足点是否有利于弘扬民族文化、传播正能量，正所谓“取其精华，去其糟粕”。民族地区发展是一个长期的过程，经济、文化发展不平衡的情况确实存在，但不可据此对少数民族进行具有歧视性的描述。尤其因为历史原因，古籍中对少数民族的表述容易出现带有歧视性的内容，如带反犬旁的民族族称等，虽然作为引文，但我们在编校过程中也要注意甄别和适当调整、修改，必要时要加上注释说明情况，以免出现内容质量问题。

总之，对如此丰富的民族文化和复杂的民族地区状况，编校人员要心怀尊重，不亵渎，不渲染，在循序渐进地了解和认识中，不断夯实自身的知识积累，运用自己的知识储备，去甄别书稿中可能隐藏的民族宗教、民族禁忌等问题，防止稿件中出现歪曲、丑化少数民族和少数民族文化的错误。

三、要重视在编校过程中容易出现的质量问题

在出版工作中，我们也会碰到，有些书稿，整体导向上是符合党和国家的政策要求的，但是在行文表述上，却不严谨不规范，这些问题往往零散分布，编校人员稍有疏忽，就极有可能犯无心之

过。相关的错例在工作中不胜枚举，以下摘取23例，说明民族文化类书稿中容易出现的问题。

例1：京族、水族、仡佬族、毛南族、彝族为广西人口较少民族。

解析："人口较少民族"为专业名词，特指我国少数民族中总人口不超过30万的民族。据2010年第六次全国人口普查统计，广西人口较少民族为京族、毛南族、仫佬族。

例2：广西生活着汉、壮、苗、侗、仫佬、回、京、彝、瑶、毛南、仡佬、水族等十二个世居民族。

解析：各民族的排序问题也比较容易出错。在自治地方，首先是自治民族，然后再按人口多少排序。广西十二个世居民族的排序应为：壮、汉、瑶、苗、侗、仫佬、毛南、回、京、彝、水、仡佬。同时，广西壮族自治区民族宗教事务委员会要求，不因某个民族的人口增减而调整排序，统一沿用此惯例排序。

例3：汉代，广西某些少数民族先民"人如禽兽，长幼无序"，"喜不洁，与犬、豕同牢"。

解析：民族文化类书稿中的引文，尤其在引用古籍时，要注意是否有暗含民族歧视的内容。上例的引文就很不妥当，应当删去。

例4：民族区域自治制度实施后，少数民族享有一定的特权和优势。

解析：民族区域自治制度是我党的伟大创举，也是我国的基本政治制度之一。民族区域自治制度的实施，使少数民族地区实现了历史性变革。《民族区域自治法》规定，民族自治地方在对外经济贸易活动等方面，享受国家的优惠政策，但不能称为"特权""优势"。此处改为：民族区域自治制度实施后，少数民族地区享受国家制定的一系列优惠政策。

例5：壮乡首府南宁，拥有得天独厚的自然资源，满城皆绿，四季常青。

解析：广西壮族自治区居住着多个民族的人民。自治区人民政府驻南宁市，通常称广西壮族自治区首府南宁市。“壮乡”是一种文学语言，在文学情境中可以用，比如“壮乡壮寨”等，但不能用“壮乡”来替代“广西壮族自治区”，因而不宜说“壮乡首府南宁”。

例6：独特的生产方式和曲折的发展历程，让京族这个小民族的文化多姿多彩。

解析：民族没有大小优劣之分，所谓“大民族”“小民族”是站不住脚的。作者想要表达的意思是这个民族人口很少，应称“人口较少民族”，不能称“小民族”或者说“这个民族很小”。同样，也不能说“（我国）最小民族”或者说“这个民族最小”。

例7：黄河上下、长城内外、大江南北散布着来自不同地域、不同民族、操不同语言的各色人等。其中一类，因为“遍于四方皆守教不替”而被统称作“回回”。

解析：对各民族，不得使用旧社会流传的带有污辱性的称呼。不能使用“回回”“蛮子”等，而应使用“回族”等。

例8：黑衣壮以黑色为美，并以黑色作为族群的标记，其独特的生活习俗和文化特征受到世人的关注。

解析：不应该用“黑衣壮”，应为“那坡壮族”。包括“蓝衣壮”“长衣壮”等均不应该使用，不利于民族团结。

例9：壮语是壮族文化的载体，包括“南壮”“北壮”和文麻方言等。

解析：“南壮”应改为“南部壮族方言”，同样，“北壮”也应为“北部壮语方言”。“南壮”“北壮”是群众的口头表述，不是规范的书面表述。

例10：那些人们，终于在宁夏安心住了下来，也从此使中国这个民族大家庭又产生了一个新成员——回族。

解析：回族的形成过程是非常规的，在我国少数民族中极具特殊性。回族在形成时是散点式、多族源、多地源的，回族先人包括阿拉伯人、波斯人等，后融入了其他民族成分。同时，也不是在一个地方形成以后再分散到其他地方去的。这句话把回族的族源、地源搞错了。同时，作为广西的出版人，我们还要了解广西回族的发展历程。

例11：广西铜鼓上的累蹲蛙，表现的是雌蛙和雄蛙交媾的含义。

解析：广西的铜鼓有着悠久的历史和深厚的文化内涵，广西的一些地方把铜鼓称为“蛙鼓”。铜鼓上的累蹲蛙造型，不仅仅是雌雄蛙累蹲交媾，有些是成蛙和幼蛙累蹲的造型。铜鼓上的蛙造型反映的是蛙图腾和祈雨之俗的少数民族文化，和稻作农业有密切关系。

例12：《密洛陀》是广西壮族的创世史诗。

解析：壮族创世神话是《布洛陀》；瑶族创世神话是《密洛陀》，流传于广西都安、大化、巴马等布努瑶聚居区。

例13：天琴，是广西特有民族京族的代表乐器。

解析：很多少数民族都有自己民族的代表乐器，容易混淆。天琴是壮族的三个古乐器之一，有着悠久的历史，起源于古时候祭祀、禳灾治病时的仪式。京族的代表乐器是独弦琴。

例14：很久以前，人们在寻求和享受爱情，沉醉在爱情的获得之中，用歌唱表达爱情的浪漫，渐渐地形成了三月三这个节日。

解析：三月三这个节日，原先只是祭祖，仪式主要是纪念先人，祈祷五谷丰登，后来才发展为举办歌会、插柳赏花等一系列民俗活动。

例15：在广西上林、马山的很多地方，习惯二次葬，即捡骨葬。这是壮族特有的丧葬习俗。

解析：二次葬原是壮族的葬俗，但后来一部分汉族人也有此风俗。追根溯源，极有可能是这部分汉族人的先祖是壮族人，或者长期与壮族杂居，受到当地壮族葬制的影响。所以，不宜说是壮族“特有”。

例16：蓝靛瑶族的黄泥鼓舞有着自己独特的风格和韵致，鼓手盛装打扮，一只母鼓相配四只公鼓组成舞群。

解析：瑶族有不少的支系，包括布努瑶、土瑶、盘瑶、茶山瑶、花蓝瑶等，蓝靛瑶也是支系之一。我国某些少数民族有不同支系，虽然有的民族内部支系间差别很大，但毕竟同属一个民族，因此，少数民族支系、部落不能称为民族。此处，应称为“蓝靛瑶”。

例17：每年农历十月十六日是全国瑶族过盘王节的统一日期。盘王节起源于对瑶族祖先的崇拜，是瑶族人民纪念祖先盘古的盛大传统节日。

解析：盘王节，是瑶族人民纪念祖先盘瓠的盛大传统节日。在瑶族民间，流传着盘瓠和三公主的传说，故事来源极为久远。

例18：民族神话是我们认识人类、认识民族最理想的教科书，是我们正确认识历史的利器。

解析：神话是我们认识人类和民族历史文化的途径之一，具有重要的参考价值，但毕竟不是真正的历史记录。此处应删去“最”“正确”。

例19：苗家流行“打同年”，“打同年”其实就是个人之间结拜兄弟。

解析：此种说法不完整。苗家的“打同年”并不完全等同于汉族的结拜兄弟。苗家除了个人之间，还可以在村与村、寨与寨之间“打同年”，也不仅在本族之间“打同年”，还可以与其他民族“打同年”。

例20：曾经在侗族社会历史上存在了几百年的民间自治和管理形式——“冬”，是一套完整的系统的民间社会治理体系和防卫体系。

解析：类似的社会基层组织形式，在很多少数民族的历史中都存在过，有些甚至到了现在还有传承和影响。但各自的名称不相同：侗族的应称为“款”，有相应的“款约”“款词”；仫佬族的称为“冬”，他们有着自己的“冬祠”，“冬头”往往是宗族中德高望重的人；毛南族有自己的“隆款”组织，瑶族有自己的石牌和石牌组织；等等。

例21：瑶家人的辣椒骨百味可调，可做蘸料，可做最好的下饭菜。辣椒骨无骨，却是糊状的佳肴。

解析：辣椒骨，应是苗家人的特色食品。做法是把猪、牛等的骨头捣成粉状，加上配料拌匀，入坛酿制而成。

例22：过去，毛南族的主要祭祀活动有“肥套”（即“条套”）、“肥虾”和“肥庙”。

解析：此处表述不够准确。“条套”，其实是指穿插在“肥套”中的一系列舞蹈，与“肥套”不等同。“肥套”已列入国家首批非物质文化遗产名录，“肥套”，汉译为“还愿”之意；而毛南族的傩戏则是从“条套”中慢慢发展成形的。

例23：吃新节这天，空气中处处散发着农作物成熟的气息，喜庆热闹的氛围在不知不觉中张扬着——这是仡佬族特有的喜庆节日。

解析：很多民族都有自己特有的节日。比如：哈节是京族最隆重、热闹的民族传统节日，代表着京族独具特色的节庆文化；分龙节，是毛南族特有的传统节日，内容丰富多彩，场面十分热烈；依饭节，是仫佬族特有的节日，现在，成为庆丰收、祈平安、表感恩的文化节日；等等。但是吃新节，在南方的少数民族中，比如苗族、侗族、仡佬族等都会过，只是每个地方的节庆习俗不一样，过节的时间也不一样，所以，算不上是仡佬族“特有”。

总而言之，民族文化类知识广博精深，单是广西十二个世居民族的内容，就足以让编校人员研读很长时间，加之时代不断变化，民族地区不断发展，新情况不断涌现，因此，作为出版人的我们，除了做好把关的案头工作，还要按照习总书记对宣传思想工作的要求，不断拓展自身的学习视野，增强“四力”，了解新情况新要求，在民族文化类图书的编校过程中，在关键处、要害处下工夫，在工作质量和水平上下工夫，唯有不断精进，才能把好编校质量关，适应出版形势的新要求。

（黄一清，广西民族出版社）

参考文献

[1] 毛公宁.引领新时代民族工作的重要文献：学习习近平总书记在全国民族团结进步表彰大会上重要讲话的几点体会[J].中国民族报，2013-10-29.

[2] 张丽华.民族类图书编校应该注意的问题[J].出版科学，2012，20（4）.

[3] 彭学云.论民族类图书的把握与尊重史实[J].中国出版，2010（8月上）.

民族文化图书编校过程中要注意的几个问题

赵学祥

与其他类型的书籍相比，民族文化图书具有极强的专业性、政策性，这类图书编校大多与民族问题紧密相关。民族问题涉及政治、经济、文化、社会和国际事务等多个领域，其内容十分复杂，这要求编辑人员具有较强的政治敏感性，有一双能辨别民族问题的“火眼金睛”。编辑人员在编辑加工这类书稿的时候，要有“民族宗教无小事”的意识，全面审查书稿的内容，不放过任何一个疑点，尤其对书稿中可能涉及政治、民族、宗教问题的地方要反复斟酌、查证，或向专家请教。笔者认为，编辑人员在书稿编辑加工过程中要注意从以下几个方面对书稿进行全面“体检”。

一、要注意书稿的命名

书稿的名字是整本图书的灵魂，是对书稿内容的提炼和升华。好的书名应该恰如其分地反映书稿的内容，让人过目难忘。书稿的命名中要注意以下问题。首先，书稿的命名不能低俗化。现在出版行业竞争加剧，在激烈的市场竞争中，部分出版社在经营上遇到了不少困难，有些出版社为了走出生存困境，便出版一些只追求经济效益的图书，把社会效益放在一边，这样难免会出现低俗现象。比如有些出版社出版的图书《不想上床》《天亮以后就分手》《赤裸的爱》等，在书名上大做文章，让读者产生非正常联想，以此吸引读者眼球，增加市场份额。这种做法在短时间内看似赚到了钱，但最终会受到图书监管部门的严厉处罚，损害出版社的声誉和长远利益。民族类图书尤其要注意书稿命名低俗化的倾向，因为书稿低俗化的命名，很容易触犯民族禁忌，引起民族矛盾。其次，书稿的命名不能脱离实际，夸大其词。有些作者或编辑人员为了使图书能够在市场上成为耀眼的“明星”，煞费苦心为图书取个“好名字”。比如某地方出版社出版的教辅读物，命名为《包你上大学》，以此来吸引读者的注意力，刺激读者的购买欲望。这种片面夸大该读物功能的做法，最终给出版单位带来的是负面的影响。民族类图书的命名也要注意，不能故意夸大书稿的功能。比如：涉及某个民族服饰的书稿命名，不能说这个民族的服饰是“世界上最美的服饰”；涉及某个民族的古代文化命名，不能说这个民族的文化是“世界上最优秀的文化”；等等。

二、要注意稿件中涉及的民族和宗教问题

民族类书稿中总会少不了民族的来源、风俗习惯、宗教等，审阅这类稿件的时候，要特别注意其中可能涉及的民族、宗教问题。有些民族、宗教问题，是很明显的，容易分辨。1.要注意民族禁忌，不能冒犯。比如回族群众信仰伊斯兰教，在饮食方面有较多的禁忌。另外，回族群众受《古兰经》的影响，严格禁酒。我们在编辑、校对民族类书稿时，要特别注意涉及宗教禁忌方面的问题，对曲解、讥讽、嘲笑、指责某种宗教禁忌的内容要坚决杜绝。2.民族人口不论多少，不能分为大、小民族。比如“彝族有9700人（2010年人口普查数据），是广西人口较少的小民族”，此处表述是错误的。在我国，人口无论多少，各民族一律平等，无大、小之分，不能称某个人口少的民族为“小民族”。此外，“少小民族”“小小民族”和“小少民族”等称谓都是错误的。上例正

确表述应为“彝族有9700人（2010年人口普查数据），是广西人口较少的民族”。3.注意自治县民族人口的表述问题。如某书稿有这样的表述：“2010年第六次全国人口普查统计，广西毛南族常住人口有6.56万，毛南族是环江毛南族自治县的主体民族。”这里使用“主体”的表述不妥。首先，我国各族人民无论人口多少，均享有平等的社会地位，无主体、非主体之分；其次，毛南族人口占环江毛南族自治县总人口不足20%，也不宜称“主体”。上述句子正确表述应为“2010年第六次全国人口普查统计，广西毛南族常住人口有6.56万，毛南族是环江毛南族自治县的自治民族”。4.有些民族、宗教问题较为隐蔽，不容易分辨，编辑稍不注意，很容易漏过这些问题。比如某书稿上介绍粽子时说“粽子是广西各民族的传统食品，每逢春节、端午等重要节日，人们都会包粽子”。乍一看，这句话似乎没有问题。稿件第二自然段接着介绍了粽子形成的历史，第三自然段介绍了包粽子的过程：“粽子的原料是糯米，以猪肉、花生、绿豆、板栗等做馅……”编辑人员如果不注意，很容易漏掉前后段句子之间的关联问题。上述表述即触犯了穆斯林群众的饮食禁忌。而上面的表述中，“广西各民族”包含了回族在内，范围太广，应改为“粽子是广西壮族、汉族等民族的传统食品，每逢春节、端午等重要节日，人们都会包粽子”。

三、其他常识性的问题也要特别注意，否则容易造成错误，贻笑大方

某书稿介绍壮族的壮剧时，这样介绍：“壮剧形成于清朝乾隆年间，至今已经有200多年的历史。”实际上，清朝乾隆年间即1736—1796年，当时连京剧都没有形成。四大徽班1790年进京，汉调1828年进京，经过20多年的融合，1850年前后才形成京剧。而深受京剧启迪又对壮剧产生过深刻影响的邕剧和粤剧，则迟至道光、咸丰年间才形成。因此，说壮剧形成于清朝乾隆年间是不符

合史实的。邕剧和粤剧形成于清朝道光、咸丰年间，那么壮剧的形成的时间应该会更晚。我们可以说“壮剧在清朝同治、光绪年间已有演出”，这样表述会更符合实际。又如，某本稿件关于瑶族研究的表述：“清末，日本、法国、苏联等国开始有人研究瑶族，但是人数不多。”这个表述明显是不当的。苏联是一个联邦制社会主义国家，存在时间为1922—1991年。而广义上的清末，是指1840—1912年属于近代史的清朝历史，狭义上的清末是指1862—1912年同治、光绪、宣统年间的清朝历史。显然，苏联所处的历史时段与清末所处的历史时段不重合，故上面句子的表述不够准确，其中的“苏联”二字应该删去，或另作表述。再如，某书稿介绍广西的古人类化石时，写道：“四五千年前……也就是著名的柳江猿人。”这里写的是古代的柳江人，“猿”字属多余。另外，柳江人所处的年代也不是距今四五千年，应是距今3万—5万年。

总之，民族类图书涉及民族的方方面面，审稿、编辑加工、校对的时候一定要认真对待，不能马虎大意。只有作者、编辑人员、校对人员和审读人员通力合作，认真做好三审三校和印前审读工作，才能最大限度地消灭书稿中存在的问题，保证出版的图书质量合格。

（赵学祥，广西民族出版社）

新时代民族医药图书的出版展望

潘　夏

一、民族医药图书概况

我国幅员辽阔，民族众多，五千年的悠久历史孕育了璀璨的中华文明。除中医药外，我国各个少数民族医药也有着悠久的历史和传承，在数千年的发展里积淀并化蛹成蝶，如藏医药、蒙医药、维吾尔医药、傣医药、壮医药等。它们和中医药共同借鉴发展，共同形成了祖国医学灿烂的医药文化。

著名学者曾育麟教授曾提出："任何一个民族有没有本民族的传统医药学的问题，尤以对没有本民族文字者而言，回答是肯定的。民族、历史、医药学总是密切联系的，只承认其中之一或者妄图否定其中之一都是无望的、荒谬的。"因此，每个民族只要认真去总结和研究，都会有自己的本民族特有的医药学体系。

民族医药是我国各少数民族传统医药的总称。它是我国少数民族在漫长的发展中与疾病做斗争的经验总结，是我国优秀传统文化和传统医学的重要组成部分，更是中华民族优秀文化的瑰宝之一。民族医药以各民族特有的文化为背景，受到各民族聚居地的气候、环境、生活习惯等影响，形成了各具特色的民族医药体系。

根据各民族医药发展的历史及现状，我国民族医药可大致分为两类：一是有文字记载，已经形成完备医药理论体系，有着大量历史文献、专著和临床实践经验的民族医药，如藏医、蒙医、维吾尔医、傣医等。传承至今的经典少数民族医药典籍有蒙古族医药典籍《蒙医金匮》、朝鲜族的经典医著《东医宝鉴》《东医寿世保元》等，这些都是少数民族传统医学文化中的经典著述，凝结了本民族自古以来在求生、保健及医治疾病方面的经验良方，对解决当下民族地区的健康卫生问题仍具有重要的社会现实价值。二是无文字史料，理论体系不完整，但具有丰富的诊疗技术与药物应用经验，如壮医、苗医等民族医药。不论何种形式的民族医药，它们都以浓烈的民族传统文化为背景，具有历史的延续性。当然医药有相通性，民族医药之间也具有相似的内容、共同的特点，但传统民族医药的特点还表现在诊断、处方、用药等方面不同于西医及以汉文化为背景的中医药。因此，民族医药是各族人民在长期生产实践中的经验总结，带有各自民族的特色，具有特殊的诊疗技法，是我国传统医学的瑰宝。

新中国成立以前，民族医学很少受到社会的重视，几乎无人知晓、无人问津，更多的是被视为地方的土医土方，仅为当地少数民族人们所用。而现今，我国的民族医药体系已经从无到有、从小到大、从初级向高级迈进，民族医药理论逐步完善并走向成熟。近几年来，为了保护和传承民族医药，在党和国家民族政策的大力推动下，我国的民族医药事业得到了空前的发展，发掘整理了大量的古典民族医药文献典籍，新编了大批民族医药著作，在医学基本理论、传统诊疗方法、民族药学以及民族医学教材等方面，出版了不少好的著作。这对民族医药的研究来说无疑是一个重大的贡献；对广大民族医药工作者来说，也是珍贵的学习和参考资料。

二、民族医药图书特点

（一）选题多为学术科研类

民族医药类图书多为各少数民族医家独特医疗技法和多年临床

研究的经验总结，对民族医药文化和独特医技的传承有很大的推动作用。这类图书往往知识含量丰富，阅读门槛较高，其针对的读者也多为从事相关医学工作或对该民族医学感兴趣的人群。

（二）内容深度大，专业性强

民族医药图书的内容，常集中于某个专题，其表述有一定的深度和系统性。这也导致了读者群体过小，图书专业性过强的问题。图书的内容对于普通读者来说可能是高山仰止，而对于专业的读者来说就是难得的医学资料。

（三）内容存在地域性，难于大众普及

民族医药图书的内容基于各少数民族特有的医药诊疗方式，有地域的局限性，不利于面向大众普及推广，这使得读者群体也存在地域局限性，较难进行全国大范围的推广。

（四）出版需求量不多，定价偏高

民族医药图书属于小众图书，读者需求量不多，出版时的印量也会相对较少。这就导致了不少图书在出版发售几年后就成了绝版，仅有少量留存在各个图书馆的馆藏目录里，对于有需要的读者来说是一书难求，难觅实体图书的身影。有的民族医药图书甚至因为起印量过少，一开始就放弃了大规模的传统印刷，只采用按需印刷的模式，这也导致了定价的偏高。

三、亟待数字化的民族医药图书

随着中国文化软实力的提升和5G技术的成熟，通过更加细分的阅读动机需求分析、更加多维度的内容推荐技术、更加便捷的内容推广渠道、更加多样的阅读终端、更加丰富的阅读活动、更多交互的阅读体验，数字阅读人群不断扩大、数字阅读水平稳步提升。

立足新时代，民族医药图书数字化是解决民族医药图书出版痛点的不二途径。

第一，各类图书的数字化是社会进步的必然需求，民族医药图书也不例外。只有尽可能满足社会需求，才会不断被社会市场所需要。就目前的民族医药图书的出版而言，还是以传统出版模式为主，纸质图书有利于读者长时间专注于图书内容，并对内容进行深度的阅读，包括揣摩、对比、批注等。纸质图书仍是不可替代的。但随着各类图书的数字化，民族医药类图书的数字化也难以避免。

第二，数字化是解决民族医药类图书印量过少、难以进入大众视线的有效方法。数字化处理可以大大提升知识的传播力，只要经过数字化整理，即便需求量再少的图书，出版社也可以根据专业读者的需求进行定制图书。这也使得很多饱含学术价值和意义的民族医药图书不成为孤本。同时，将历史遗留的图书系统数据化，有利于建立出版社自有的民族医药学术数据库，从而为后期的内容数据二次利用做准备。

第三，针对民族医药图书内容专一、难度大的问题，综合利用多媒体融合出版技术不仅可以适应民族医药类图书知识点复杂的特点，更有助于读者的进一步理解。如通过附加二维码，通过3D建模展示经络、穴位的走向、定位，呈现立体效果，而不仅是纸质图书上图片的平面讲解。

第四，民族医药图书数字化能够促使其自身的“知识”更好地与相关领域的读者对接，满足其自身的“知识传承”需要。

四、民族医药图书编辑应具备的素养

（一）提升能力，加强学习

作为一名出版编辑，必须与时俱进，不断提高自身的业务能力和政治修养，加强专业理论知识学习，这样才能保证出版物内容的正确性。例如：民族医药食疗药膳方面，可能涉及民族饮食禁忌，要考虑与之相关的民族政策问题；犀角、虎骨等药材涉及珍稀濒危动物，禁止入药使用；天然麝香、天然牛黄等珍稀药物资源，也属于限制使用的范围，提倡使用其他药物来代替珍稀濒危药物资源，书稿中如若出现，应依据书稿具体情况进行相应处理；古医书中记载的迷信思想、符咒治病等内容，要以辩证唯物主义思想为指导，科学判断，妥善处理；等等。由此可见，如果专业能力不过关，选题策划能力、文字规范能力、加工稿件能力也不过关，会直接影响对书稿整体的驾驭能力。作为新时代的民族医药编辑，最重要的一点是要加强自身的编辑业务能力，提升自己的专业素养，开拓知识面。

当下，民族药图书编辑必须深耕编辑实务，使理论落地生根，不忘初心，牢记使命，用心策划出版精品民族医药图书，讲好民族医药故事，有效促进民族医药事业传承创新发展，引领广大人民群众继承和弘扬民族医药优秀文化。

（二）紧跟时代，做好选题

2020年，人类经历了一场前所未有的疫情，疫情之下，人类命运共同体的概念得到更广泛的共鸣和更深刻的理解。面对此次疫情，出版人要用科学的思维进行全面思考，要特别关注和紧跟中央决策和战略部署，要用活手中的选题，用好民族医药选题的图书为人民的健康卫生做出自己的贡献。后疫情时代，出版物不仅不能落伍，还需要走到时代的前列，用智慧、智力、智囊帮助人们应对时艰，应对变化和挑战。

（三）敢于尝试，勇于创新

新时代，互联网技术不断发展，新媒体、新技术的影响范围不断扩大。新媒体技术的运用，突破单一的图文模式，网站、手机客户端等多媒体平台的综合运用，使知识不再受限于纸张。大胆尝试新技术，丰富图书内容，如通过二维码提供音频、视频、虚拟现实、增强现实等内容，不仅能给读者视觉、听觉上的直观体验，还能通过语音和手指与读者互动。这种新兴技术给读者带来了沉浸式的体验。一向小众新奇难懂的民族医药图书，只有创新传播内容，以更鲜活生动的选题策划、更简洁易懂的内容、更生动的展现形式才能吸引普通读者，才能在大众图书市场赢得一席之地。这也有利于打破地域的局限性，普及推广，传承民族医药文化。

展望新时代，可以说这是最好的时代，也可以说这是面临最艰难挑战的时代，如此来形容目前出版业的处境非常贴切。新媒体时代，是机遇也是挑战，人们获取信息的方式越来越多，传统出版企业要想在出版业中站稳脚跟将越来越困难。但是只要出版社敢于探索、不断创新，对未来民族医药图书新媒体融合出版的展望是一定能够实现的。

（潘夏，广西民族出版社）

参考文献

［1］李志勇，李彦文，崔箭.中国少数民族传统医药发展简史［J］.医学是研究，2011（7）.
［2］梁一鹏.浅谈创新出版选题的打造［J］.编辑出版，2020（4）.
［3］崔长存.新时代下中医药图书编辑的核心素养［J］.编辑出版，2019.
［4］吴玲.浅谈医学图书出版的新媒体融合［J］.多媒体技术及其应用，2017（8）.

新时代民族历史出版物的编辑思考

张远欢

新中国成立前，我国虽有21个少数民族拥有自己的文字，但文字普及率低，文化多垄断在少数人的手里，因此，少数民族地区的文盲率极高。新中国成立后，党和政府十分重视民族语言文字的推广、普及、应用和发展，将其作为关系各民族发展、繁荣的大事来抓。党和政府为没有文字的部分少数民族新创造了文字，对虽有本民族文字、但不够完善的做了完善和规范，并有计划地推广普及，开展扫盲教育等。比如：新中国成立之后的1955年，党和人民政府根据拉丁字母创制了表音新壮文，到20世纪80年代，完成了《壮文方案》的修订工作，使新壮文进一步通用化并在壮族地区普及开来。在推广应用和普及新壮文的工作中，成立于1958年的广西民族出版社发挥了重要作用。如用民族文字及时编译出版了大量的扫盲课本和深受壮族人民欢迎的科普读物、文学艺术作品等书籍，为壮文的推广、普及和壮族的文化传承与发展做出了应有的贡献。民族历史出版物的出版发行促进了民族文化的积累、传播和发展，丰富了中华民族灿烂的文化宝库。

进入新时代中国特色社会主义社会以来，出版业的时代环境发生了巨大的变化。国家更加重视民族历史出版物的出版，科学技术也日新月异，越来越多的新技术被应用到出版业。作为编辑，我们享受到了新技术、新媒体给出版业带来的方便；但是我们自身也被新技术、新媒体占去了更多的注意力，有时候反而潜不下心去认真编辑、校对民族历史出版物。如此，出版的民族历史出版物的质量将大打折扣。笔者虽然从事出版业不久，但在编辑民族历史出版物方面已浸润许久，也有许多思考与心得体会与诸君共勉。

一、熟悉国家的民族政策，拥有良好的政治素养

我国的基本民族政策是发展少数民族地区经济文化事业、科教文卫事业等以及使用和发展少数民族语言文字。这就表明我国鼓励和支持民族地区出版事业的发展。我国的少数民族众多且历史悠久，要保护和发展好少数民族的文化事业就需要保护好少数民族的文史资料，多出有关民族历史类的出版物。习近平总书记在2019年全国民族团结进步表彰大会上的讲话中指出：我们悠久的历史是各民族共同书写的；我们灿烂的文化是各民族共同创造的，中华文化是各民族文化的集大成；一部中国史，就是一部各民族交融汇聚成多元一体的中华民族历史。所以出版民族历史出版物也是在保存我们中华民族的历史。此外，还要注意尊重少数民族地区的风俗习惯，尊重和保护少数民族的宗教信仰自由，不出不利于民族团结或者触碰少数民族宗教禁忌的书；而是要多出有利于民族团结的书。以笔者所在的广西壮族自治区为例，广西有12个世居民族，每个世居民族都拥有悠久的历史和灿烂的文化。有些民族有自己的语言和文字，如壮族；有些民族只有语言而没有文字，如瑶、苗族等，但是他们通过口耳相传流传下来的历史和文化也是一笔珍贵的文化遗产。这时我们编辑需要做的就是把他们的历史和文化及时记录整理出来，结集出版，以免因为时间久远而遗失。

从事出版业的编辑工作，优秀的政治素养是必须具备的。拥有良好的政治素养就可以快速了解、准确解读国家的大政方针，避免自己出版的图书触碰到政治红线。习近平总书记在2018年的全国宣

传思想工作会议上强调，宣传工作必须坚持党对意识形态工作的领导权，坚持思想工作“两个巩固”的根本任务，坚持用新时代中国特色社会主义思想武装全党，教育人民，坚持培育和践行社会主义核心价值观，坚持文化自信是更基础、更广泛、更深厚的自信，是更基本、更深沉、更持久的力量，坚持提高新闻舆论传播力、引导力、影响力、公信力，坚持以人民为中心的创作导向，坚持营造风清气正的网络空间，坚持讲好中国故事、传播好中国声音。拥有良好的政治素养能紧跟时代步伐，敏锐地捕捉社会动态和社会的前进方向，多出有益于社会发展的好书。

二、认真编校及提高专业知识

在编校民族历史出版物时，我们也需要严格依照三审三校的流程进行，特别是在初审阶段就要对书稿中的政治导向、民族风俗与禁忌重点把关，及时剔除有问题的部分。我们在初审时也要认真对待，正如老子所说的“天下大事，必作于细”“治大国若烹小鲜”，我们只有认真打磨书稿，把好质量关，才能编辑出一本质量合格的图书。所以要做一个合格的编校人员，首先要有充分的耐心、细心和责任心。有些民族历史类的书稿会涉及大量文献资料、大量引文，或者是知识点比较多，这就需要我们编辑具备过硬的专业知识，对资料进行核查等工作。有时候还需要在书稿的基础上进行查漏补缺或者锦上添花等。俗话说“好记性不如烂笔头”，这句话用在编校工作中再合适不过，在编辑的过程中我们也要注意收集整理一些易错点或者是容易踩中的“雷”，以便今后遇上这类情况就有一个比较好的处理参照。

在平时的业务学习中，我们应本着虚心学习的态度，主动汲取新的知识源泉，及时学习自己知识点还比较薄弱的部分。对国家新颁布的行业规范以及社会上出现的行业热点要及时学习，以做到与时俱进。像我们做编辑案头工作的，桌面上一般都需要放置《图书编辑校对使用手册》《编辑必备语词规范手册》《编辑：最新标准与规范》等相关工具书，而且要做到常用常翻，如此我们才能在编辑书稿的过程中提高专业知识水平。

三、善用互联网及数字资源

民族历史出版物一般会涉及众多的古籍，引用众多的史料。如何对古籍和史料进行去伪存真，作为新时代的编辑，善于利用数字资源是有效提高编辑能力的途径之一。数字资源是文献信息资源的一种表现，是将通信技术、计算机技术和多媒体交互技术相互融合而形成并以数字形式发布、存取和利用的信息资源。现在的商业化数据库、机构或个人建立的数据库以及各种免费的网络资源都属于数字资源，而且数量巨大。

一般来说，作者所写作的民族历史类图书都会参考大量的古籍，但是我们编辑有时候并不能拥有每位作者所参考的古籍，毕竟有很多是藏在图书馆或方志馆、古籍库的孤本。针对这种情况，我们编辑可以利用互联网查找电子资源，以此核实史料。有些网站拥有大量的数字图书，比如读秀、中国哲学电子化计划、中国历代人物传记资料库、超星数字图书馆等；我们可以在这些网站上注册账号，在需要时可以在上面查询是否有相应的图书，有的话我们就可以核对作者所引用的史料正确与否了。除此之外，很多图书馆或方志馆现在也制作了自己的图书数据库，比如国家图书馆建设的“联机公共目录查询系统”“数字方正资源库”，北京国学时代文献传播有限公司开发的“国学宝典”在线查询系统，上海图书馆开发的“晚清期刊全文数据库”“古籍书目查询系统”，北京书同文数字化技术与中国第一历史档案馆联合开发的“大清历朝实录数据库”，以及其他一些数据库如爱如生典海数字平台、万方数据库、汉籍查询系统、晚清民国数据库、中国基本古籍库等。

在编辑民族历史出版物的时候，数字资源带给编辑的便利是显而易见的。民族历史类书稿所参考的史书、资料或是引用的史料、介绍的民风民俗以及民族信仰和禁忌，所有的这些都需要我们编辑去核实和辨别。以前不能用数字资源的时候，为了核实这些资料，编辑往往需要跑方志馆、图书馆去查资料核实或者打电话去少数民族地区核实。现在，我们可以利用这些数字资源去核实这些资料了。这不仅优化了编辑的工作，还提高了编辑质量和效率。

四、良好的语法知识和丰富的文史储备

在日新月异、社会娱乐生活异常丰富的时代背景下，很多编辑每天都会消耗大量的时间在微信、微博、抖音等社交娱乐软件上，原本应该用来充实专业知识的时间却被这些软件所占据。对于这种现象我们编辑应该有所警惕，要寻找适合的方法来确保自己不过度沉迷于社交娱乐软件。腾出时间之后，我们在工作之余可以抽出一定的时间去学习专业知识，掌握前沿的专业资讯，也可以多抽些时间出来读书。在读书这件事上，艾德勒曾说过：“拿同样的书给不同的人阅读，一个人却读得比另一个人好这件事，首先在于这人的阅读更主动，其次，在于他在阅读中的每一种活动都参与了更多的技巧。”其实不只是读书需要更主动和更多的技巧，在专业学习上以及审读稿件上也需要我们编辑更主动，用更多的技巧去参与。著名史学家陈垣提出的校勘四法——对校法、本校法、他校法、理校法，至今也是我们编辑在审校稿件时应该采用的方法。民族历史出版物所涉及的民族历史、信仰、宗教、风俗等需要我们用这校勘四法，特别是理校法去核实、梳理，对相关资料去粗取精，去伪存真；对一些民族风俗的记载我们也应该去其糟粕，取其精华，去除民族发展过程中遗留下的糟粕，保留优秀的民族文化。

民族历史类的编校人员更需要扎实的文字功底做基础。因此，我们需要不断地在提高自身文化素养、增加文学常识上下工夫，做到有备无患，方能以不变应万变。这就需要我们在工作之余多读相

关的民族书籍，充分利用社里面的民族藏书以及方志馆的地方志，不断涉猎民族知识。以我所在的广西民族出版社为例，我们社出版的民族历史类图书主要是与广西的12个世居民族有关，即壮、汉、瑶、苗、侗、仫佬、毛南、回、京、水、彝、仡佬这12个民族的历史出版物是我们社经常接触的。为了在今后编辑这些民族书稿时做到有所准备，平时我们就需要多读与这12个民族相关的书籍，多了解这些民族的民风民俗以及他们在广西的地域分布及发展历史，这样我们在编辑的时候心里面对这些民族已经有了大致的了解，能把书稿的质量提高，也就不会像盲人摸象般前方一片漆黑，也可以尽量避免触碰到这些民族的禁忌。一个优秀的民族历史类图书编辑的养成，是一个厚积薄发的过程，需要不断地学习与积累，需要借鉴前人的优秀成果，需要在自己的领域不断深耕。

五、有一定的坚守和信仰

在现代快速发展的社会，有人认为，编辑出版行业算得上是一个夕阳行业。但因为出版编辑行业肩负着传承和发扬民族历史文化的重任，我们编辑在工作中不可能像其他行业一样一味地只是追求速度以及利益的最大化。而且我们的日常工作一般都是案头工作，每天面对的都是需要我们编校的书稿。为了书稿的质量，我们就需要慢下来认真做好编辑工作。从事编辑工作也需要我们有一定的坚守和信仰，不能为了利益而不管书稿的质量，什么样的书都出。民国时的编辑大家张元济的理想是“昌明教育，开启民智；以扶助教育为己任”；他的编辑原则也十分明确：有利于提高国民素质的书一定要出，于国民无利甚至有害的书坚决不出。邹韬奋的编辑出版思想是“以读者利益为中心”。现代出版大家聂震宁也说过：“编辑人员要有强烈的社会责任感，要有基本的创新精神和不断学习的精神，我们的出版，首先是中华民族的出版，体现的是中国人的精神，承载着中国的文化。”编辑作为精神文化的生产者和创造者，即使从最原始的意义上看，编辑活动也是人类社会从蒙昧走向文明、从史前进入历史的文化生产实践；我们要以出好书为荣，以不出好书为耻。所以作为出版人，我们要有所坚守，要有所为，有所不为，不能为了一点利益就丢了出版人的操守。我们应该秉持着这样的信仰：以保存和弘扬民族历史出版物为终身事业。

（张远欢，广西民族出版社）

参考文献

［1］习近平.论党的思想宣传工作［M］.北京：中央文献出版社，2020.

［2］莫提默·J.艾德勒，查尔斯·范多伦.如何阅读一本书［M］.北京：商务印书馆，2004.

［3］张元济.张元济书札［M］.北京：商务印书馆，1981.

［4］中国编辑学会.新时代 新编辑 新作为——中国编辑学会第19届年会获奖论文（2018）［M］.北京：人民出版社，2019.

［5］聂震宁.关于当前编辑困境的思考与对策［J］.中国出版，2014（9）：8-11.

地方教材特性刍议

——以广西民族出版社《壮美广西》为例

卢悦宁

地方教材的社会效益和经济效益较显著，已成为涉及教材出版业务的各出版社热衷于拓展的新领地。与新课标教材相比，地方课程教材更应体现一定的政治性、地域性、实用性等特性。在编辑出版《壮美广西》的过程中，广西民族出版社充分发挥主观能动性，勇于尝试，大胆创新，致力于从选题策划、教材编写、润色提升等方面打造一套适用于广西四至八年级中小学生的优质地方教材。

2020年7月，由广西课程教材发展中心组织编写的广西地方教材《壮美广西》经广西中小学教材审查委员会审查通过，由广西民族出版社正式出版发行。作为2011年出版发行的《文明广西》教材的"升级版"，《壮美广西》不只是在《文明广西》的基础上进行简单修订，而是根据近年来广西社会经济的发展实际重新进行了编写，体现出鲜明的政治性、地域性、实用性等特性，有助于广西广大的中小学生较为全面地了解广西的基本情况尤其是文化特点，深刻领略家乡的"壮美"之所在，从而更好地讲好"文化广西"的故事。

一、政治性

作为地方教材，《壮美广西》严守政治立场，突出教育价值。该套教材符合党和国家的教育方针、政策、法律、法规，贯彻“德智体美劳”全面发展的教育理念，尊重历史和现实，尊重广西的风土人情，弘扬爱国主义和民族精神，有利于培养学生正确的世界观、人生观和价值观。

（一）教材名称中的政治性

2018年12月，广西壮族自治区成立60周年之际，习近平总书记欣然为广西题词“建设壮美广西 共圆复兴梦想”。这既是对广西山河秀美、民族和睦、人民幸福的美好祝福，也是对广西站在新起点、创造新辉煌的殷切期望，充分体现了党中央对广西的高度重视，对广西各族人民的亲切关怀。习近平总书记的题词温暖人心、催人奋进，立即引起了广西各地、各行各业广大干部群众积极主动地学习、贯彻和落实。

《壮美广西》的编写工作启动于2018年上半年，原名为《魅力广西》。习近平总书记为广西题词后，原《魅力广西》编委会、编写组充分领会题词精神，根据教材审查专家的意见，决定将教材名更改为《壮美广西》，与党中央保持高度一致，体现了一定的政治性。此外，从词义上看，“壮美”一词是对广西地域美和精神美的高度概括和精准描述，将教材命名为《壮美广西》，有助于“让经济实力‘壮’起来、发展质量‘美’起来，让民主法治‘壮’起来、民族团结‘美’起来，让民族文化‘壮’起来、精神文明‘美’起来，让民生保障‘壮’起来、人民生活‘美’起来，让绿色发展‘壮’起来、生态环境‘美’起来，让管党治党‘壮’起来、政治生态‘美’起来”的题词精神在潜移默化中影响学生，使其从小就在心中根植建设壮美广西、共圆复兴梦想的信念。

（二）教材内容中的政治性

作为地方教材，《壮美广西》的政治性还体现在其具体的内容中。

首先是设置专门的章节，介绍党和国家的相关制度和政策。如八年级的第七章《民族区域自治》结合我国国情和广西区情，说明了党和国家在广西实行民族区域自治制度的原因、经过及其成功实践，介绍了广西是如何坚定不移地走民族区域自治之路的，并在“知识链接”板块引出习近平总书记提出的“五个认同”理念。这有助于推动广西各族学生在学习和理解教材的基础上较好地交往交流交融。又如，八年级的第九章《新时代 新使命》先是介绍了习近平总书记为广西未来发展指明前进方向的“三大定位”，而后引出“南向、北联、东融、西合”的广西全方位开放发展新格局，为学生勾勒了家乡未来的轮廓，有助于学生树立远大理想，把未来建设壮美广西的热情融入当下的学习中。

其次是在教材其他章节中融入相关的政治性内容。如四年级第六章《文明印记》的第三节不仅介绍了古代海上丝绸之路始发港之一——合浦港，而且在此适时提到国家的“一带一路”倡议，通过融通古今，说明21世纪海上丝绸之路已开启新篇章，正作为重要的动力发挥着作用。又如，五年级第二单元《历史沿革》从历代中央王朝对广西的管辖说起，论及“广西”地名的由来及广西首府的变迁，介绍了历代治理广西的建制、政策等。这一单元不只是对广西历史的简单梳理，还通过各种翔实的史料说明历史上，广西是如何成为中国领土不可分割的一部分，广西各族先民是如何融入中华民族大家庭的，有助于增强学生对祖国、家乡和自己民族的认同感。

二、地域性

广义的地域性是某类事物在某一地理区域内的情况，指不同地域因所处位置的不同和社会经济发展水平的差异而导致的地区差异。狭义的地域性则是地方教材的题中应有之义。

结合广西的地域性，《壮美广西》对四至八年级各分册进行了统筹规划，使整套教材的知识难度大致呈螺旋式上升的趋势，从易到难，由浅及深，形成梯度，体现出合理的逻辑和一定的规律。具体而言，该教材各年级分册均由四个单元组成。

（一）广西的自然地理和人文地理概况

《壮美广西》各年级分册的第一单元统一介绍广西的自然地理和人文地理概况。如四年级介绍广西的地理概况，使学生了解了广西的区位特点和广西的地形、气候；五年级介绍广西的各大名山，使学生知道了广西的大山中不仅有物产丰富的“生态宝库”，还有人文底蕴深厚的历史名山，更认识了神奇的喀斯特地貌和天坑；六年级、七年级和八年级则分别介绍了广西的江河湖泊、广西的海域和广西的古镇古村。

《壮美广西》各年级教材第一单元对广西地理的介绍全面而透彻，较好地为学生认识广西地理概况打了一个合理的框架。

（二）广西的各种资源

《壮美广西》第二单元除五年级介绍广西的历史沿革外，其他年级多为对广西各种资源的介绍。如四年级介绍广西的自然资源，使学生认识为广西的经济社会发展提供了良好物质基础的珍贵动植物资源以及矿产、水能和海洋资源等；六年级介绍的广西节庆（如壮族“三月三”、毛南族分龙节、京族哈节、瑶族盘王节、仫佬族依饭节等）和八年级介绍的广西传统工艺品（如绣球、壮锦、坭兴陶等）当属民族文化资源；七年级则介绍了广西丰饶的物产资源（如广西的中药材、茶叶和农产品等）。

《壮美广西》对广西各种资源的介绍涵盖面广，安排得当，能够使广西的学生较好地认清自己的“家底”，从而增强其文化自信和文化自觉。

（三）广西的民族文化

《壮美广西》各年级分册的第三单元介绍了广西多姿多彩的民族文化。如四年级介绍了广西的文明起源，涉及广西先民留下的遗迹和历史悠久的稻作文化等；五年级介绍广西各民族各具特色的民族服饰、民族美食和民族建筑；六年级介绍了广西的民族舞蹈（如汉族龙舞、苗族锦鸡舞等生活舞蹈和壮族扁担舞和瑶族长鼓舞等生产舞蹈）；七年级分别从民族乐器和曲艺、戏曲音乐方面介绍了广西的民族音乐；八年级则介绍了广西古代的美术成就和当代的美术成果。

《壮美广西》各年级教材第三单元对广西多姿多彩民族文化的介绍分布合理，使广西的中小学生从小就能较好地领略“各美其美，美人之美，美美与共，天下大同”的民族团结和谐之美。

（四）广西的意识形态工作

《壮美广西》第四单元除五年级介绍的广西传统民歌仍属民族文化范畴外，其他年级的内容多与广西的意识形态工作相关。如四年级通过介绍广西的世居民族和语言文字等，强化学生对广西是一个多民族和谐共处的大家园的认知；六年级通过介绍广西军民在中法战争、昆仑关战役、北伐战争、百色起义、龙州起义、湘江战役等决定中华民族前途命运的战争中的英勇表现，激发了学生们的爱国热情；七年级通过介绍广西少数民族的乡规民约（如仫佬族《十劝人》歌、壮族《传扬歌》和广西西北部各族的“打老庚”等）和广西近年涌现出的各行各业的道德楷模等，使学生在教材的学习中领悟为人处世之道；八年级介绍了民族区域自治制度在广西的实行，以及新时代广西的新使命，学生们可以通过教材了解新中国成立后广西发生的巨大变化，树立建设壮美广西的远大理想。

《壮美广西》对广西意识形态工作的介绍形式生动多样，能够在潜移默化中使广西的学生形成正确的世界观、人生观、价值观。

综上所述，《壮美广西》在突出广西地域性的过程中不是简单凌乱地罗列和堆砌素材，而是做到了层次分明，逻辑合理，有助于学生理解和巩固所学内容和提升认知水平。

三、实用性

无论是新课标教材还是地方教材，好的教材均应该引导学生学用结合，学以致用，使学生能够在日常生活中运用所学知识，只有这样才能体现出一套教材的实用性。

（一）可实践性

地方教材应把学生的全面发展作为着眼点和落脚点，引导学生在实践中学、在生活中学，为学生的个性化发展提供广阔的平台。《壮美广西》贴近实际、贴近生活、贴近学生，以广西中小学生的日常生活和经验为基础，从他们的发展和实际需求出发，注重教材内容的趣味性和可读性，力避成人化的倾向。此外，《壮美广西》还注重提高学生的综合素质，培养学生的社会责任感和实践能力，促进学生自主发展、合作参与、创新实践。

例如，《壮美广西》各年级分册教材每一节课文的最后，均设有“知识链接”板块，以此对篇幅有限的正文内容进行相关的知识延伸，拓宽了学生的知识面，如七年级第一章第一节《富饶的蓝色家园》在介绍广西海域及海洋资源的基础上，通过“知识链接”向学生介绍了中国四大渔场和世界四大渔场。“知识链接”之后还设有“实践探究”板块，启发学生自己思考或动手，以此及彼，把所学的知识进行实际运用，如八年级第四章第一节《钦州坭兴陶》中的“实践探究”要求学生查一查“中国四大名陶”各有什么特点，引发了学生学习探究的兴趣，通过自行查找资料增加了自己的知识量。

如此一来，《壮美广西》突出了学生在学习中的主体性，强调学习活动的多样化，其所采取的形式是切实可行的，这种可实践性为学生的尝试、表现和创新提供了较大的可发挥空间。

（二）与其他学科或日常生活相结合

综观整套《壮美广西》可以发现，这是一套涵盖语文、政治、历史、地理、美术、音乐等多学科知识的教材，其中不少知识会在初中课堂里出现。如四年级第四章第一节《宝贵的矿产资源》的“知识链接”板块分别介绍了锡、锰、铝的用途，使小学高年级学生在了解广西矿产资源的同时提前知晓了初中化学的基础知识。

《壮美广西》主要通过学生的自主阅读来完成学习，学生通过把阅读所得和自身生活经历相结合，可以积累大量的写作素材。尤其初中阶段的语文课程要求学生能够在写作中表达自己对外部世界的认识以及自身的体验和思考，更加多角度地观察生活。《壮美广西》介绍了与广西有关的丰富自然知识和社会知识，展现了广西人多姿多彩的生活风貌，为学生写作提供了翔实而科学的素材。

此外，《壮美广西》在编写过程中注重使教材内容与当今时代的日常生活相结合，这也是其实用性的表现之一。如五年级第四章在介绍广西各时期的建制沿革后，在“实践探究”部分向学生提问：“你了解什么是行政区划吗？”并要求学生在横线上填写自己家的详细地址，具体到市、县（区）、乡（镇、街道）、村（社区）。这看似简单，却有助于年龄较小的小学生结合实际理解行政区划的概念。另外，如今电商发达、网购火爆，日常生活中有不少需要填写自己详细收件地址的地方，教材这样安排就使学生轻松记住了自己家的具体地址。

随着城镇化的推进以及如今中小学生的学业日益繁重，不少学生容易陷入“五谷不分”的窠臼，缺乏生活技能或常识和对自然事物的认知。《壮美广西》的教材内容则一定程度上丰富了广西中小学生的生活知识，为他们增长见识提供了可能。如五年级第六章第二节《特色美食》简要介绍了广西一些具有代表性的地方佳肴和传统美食的烹制方法，并在“实践探究”板块鼓励学生回家后尝试做一道美食请家人品尝。又如，七年级第二单元《丰饶物产》介绍了广西的名贵药、茶和广西的特色农产品，图文并茂，使学生尤其是城镇学生对日常接触较少的农作物、经济作物及其特性和功效等有了较为直观的认知。

四、结语

广西壮族自治区地处祖国南疆，是全国唯一具有沿海、沿江、沿边优势的少数民族自治区，是祖国西南地区的出海大通道，也是中国与东盟各国之间进行经济贸易、文化交流的重要地区。这里山川秀丽，物产丰富，12个世居民族勤劳、勇敢而富有智慧，创造了光辉灿烂的文化。为了讲好“文化广西”的故事，广西民族出版社编辑出版地方教材《壮美广西》，致力于引导广西的中小学生全面认识广西，了解广西，增强学生对家乡的自豪感和亲切感，培养中小学生从小热爱家乡、建设家乡、热爱祖国的情怀。

作为地方教材，《壮美广西》体现了一定的政治性、地域性、实用性等特性，从而促进了学生的全面发展。《壮美广西》为广西广大中小学生打开了一个全面了解自己家乡的窗口，提高了广西的地方文化品位，提升了广西的人才教育质量，将对广西的经济发展和社会进步起到促进作用。

（卢悦宁，广西民族出版社）

古诗文对照注译图书编辑工作经验谈

李东源

古诗文对照注译系列图书在广西民族出版社有着悠久的历史，最早可追溯至1984年，至今已有37年的历史。出版社三四代编辑、发行人员为之倾尽全力，累计销量超过3000万册，多年来被列入广西壮族自治区中小学教辅材料评议推荐公告目录，进入中小学课堂，成为广西民族出版社的知名品牌和重要经济来源之一。目前，在教辅图书市场同类产品竞争激烈的情况下，古诗文对照注译系列图书每年的发行量保持在30万册左右，实现了从畅销到长销的可持续发展目标。

2020年初，随着区内教辅发行行业环境的变化，广西民族出版社古诗文对照注译系列图书的更新换代工作也提上了日程，我也十分荣幸地参与到这套图书的编辑工作当中。在编辑的过程中，我从接手时的一知半解，逐渐总结归纳出一条条古诗文对照注译图书编辑工作的经验，下面就将这些经验拿出来作一探讨。

一、古诗文翻译为现代汉语遵循的原则

古诗文翻译为现代汉语遵循的原则有“留”“替”“调”“补”“删”等。

1.“留”

“留”，即国号、年号、地名、书名、人名等专用词语，通常都不需要翻译，也不必翻译，可以直接使用。如《陈太丘与友期行》中“陈太丘与友期行，期日中”，可译为“陈太丘与朋友相约一同出行，约好的时间是正午”。如《穿井得一人》中“宋之丁氏，家无井而出溉汲”，可译为“宋国的丁氏，家中没有水井，于是要出门到外边打水浇田”。如《湖心亭赏雪》中“崇祯五年十二月，余住西湖”，可译为“崇祯五年十二月，我住在西湖”。

2.“替”

“替”，即用现代汉语双音词替换古代汉语单音词。文言文中，有些词语比较难理解，在翻译时，可以选用现代汉语中能与之对等的词语来替换，也可以在单音词的前面或后面加上字，使它成为双音词或短语，这样就解决了译文上的难度。如《孙权劝学》中“孤岂欲卿治经为博士邪”，“治”“经”就可分别译为“研究”“经书”。如《伤仲永》中“其诗以养父母、收族为意，传一乡秀才观之”，其中“收”可解释为“聚”，这就可以用“团结”一词来替换；“养”加上“赡”字，组成双音词“赡养”，这样就很好理解整句的意思了。

3.“调”

“调”，即调整语序，使其符合现代汉语的表达习惯。在文言句式中，一些特殊句式的句式结构往往与现代汉语不同，例如宾语前置、介词结构后置等倒装句式，在翻译这类特殊句式时，要根据现代汉语的表述习惯，处理好句式中的语序关系。如《木兰诗》中“问女何所思”，疑问代词“何”作宾语，是宾语前置，应为“问女所思何”，可译为“问木兰想的是什么”。如《孙权劝学》中“蒙辞以军中多务”，是介词结构后置，应为“蒙以军中多务辞”，可译为“吕蒙用军中事务繁多的理由来推托”。

4.“补”

“补”，即补充省略部分，使其意思完整。文言文中，句子或短语中的某些成分及介词常常省略，数词后面不带量词的现象也普遍存在。为了使翻译的句子更符合现代汉语句式的规范，在翻译时，通常应根据添补齐全之后的内容来翻译，即凡是省略的词、成分，都要添补上去。如《河中石兽》中“一讲学家设帐寺中”，省略了介词“于”，即“一讲学家设帐（于）寺中”，可译为“一位讲学家在寺庙里设馆教书”；“如其言，果得于数里外”，省略了主语“僧”、宾语“之”，即“（僧）如其言，果得（之）于数里外”，可译为“寺僧们依照他的说法，果然在几里外找到了石兽”。

5.“删”

“删”，即删去无实在意义的词，不译。文言语句中，有些表示语气停顿和凑足音节的虚词，如助词“之”在作宾语提前的标志时（《陋室铭》中“何陋之有”，可译为“有什么简陋的呢”），或作为取消句子的独立性的标志时（《陋室铭》中“无丝竹之乱耳，无案牍之劳形”，可译为“没有世俗的乐曲扰乱心境，没有官府公文劳神伤身”）无意义，翻译时就可以删去不译。

二、古诗文对照注译系列图书审稿过程中常见的错误类型

1. 人名错误

在审稿《陋室铭》这篇文言文时，我在“西蜀子云亭”一句的注释中看到了“杨雄”这个名字。这个名字在历史上最著名的是《水浒传》中的“病关索”杨雄。可是《水浒传》中的故事是发生在北宋末年，而《陋室铭》一文的作者是唐代的刘禹锡，指的不可能是这个“杨雄”，但会不会是其他“杨雄”呢？经查阅相关资料，发现“杨雄”应为“扬雄”之误。扬雄，字子云，蜀郡成都人，西汉哲学家、文学家。“西蜀子云亭”是指扬子云在西蜀的

屋舍。

2. 地名错误

地名错误在古诗文对照注译图书书稿中经常出现。例如书稿中在介绍《陋室铭》的写作背景时，讲道："刘禹锡被降职为郎州司马，以后又任连州、夔州、和州刺史。"经查，历史上郎州有两处，一是唐贞观八年（634）改南宁州置，治所在味县（今云南曲靖市西北），辖境约当今云南寻甸、宜良、路南、弥勒等县以东地区，开元五年（717）复为南宁州。一是唐贞观九年（635）置，治所在恭水县（今贵州遵义市），辖境相当今贵州遵义市、遵义县及桐梓县地，贞观十一年（637）废。这两处地方与刘禹锡的生平经历不符。经查，"郎州"应为"朗州"之误。朗州，隋开皇十六年（596）改嵩州置，治武陵（今湖南常德市），唐辖境相当今湖南常德、桃源、汉寿等地。在这里，刘禹锡写下了千古名句"东边日出西边雨，道是无晴却有晴"。

3. 官职错误

古诗词对照注译图书的人物介绍中经常会出现官职名，容易出错的有："主簿"错为"主薄"，"典簿"错为"典薄"，"司寇"错为"司冠"，"虞候"错为"虞侯"，"布政使"错为"布政史"，"太常寺卿"错为"太常侍卿"，"刺史"错为"刺使"。例如，书稿中古诗文阅读专项训练有一篇《水浒传》选文 "林教头风雪山神庙　陆虞侯火烧草料场"。经查，这里的"陆虞侯"应为"陆虞候"。这两个词虽然只有一字之差，但很容易混淆。很多人分不清楚的原因在于对"虞候"的由来不清楚。候，古时候迎送宾客的官员，周朝时就设有这种官职，称为"候人"。而"侯"是古代五等爵位之一（公、侯、伯、子、男）。在宋代，"虞候"这个词其中一个意思是指"官僚雇佣的侍从"。这篇选文中的陆虞候是高俅的心腹，相当于后来的"打手""爪牙"之类。

4. 时间错误

书稿中介绍《世说新语》作者刘义庆时，有这样一句：“刘义庆（403—444），彭城（今江苏徐州）人，宋王朝宗室，袭封临川王，爱好文学。”我们都知道，宋朝皇帝姓赵，时间是从960年到1279年，刘义庆无论是姓氏还是生活年代，都与宋朝不沾边。经查，书稿中的“宋王朝”指的应是公元5世纪时刘裕建立的宋朝，史学界称之为“刘宋”，因此书稿中的表述应改为“南朝刘宋王朝的宗室”。

以上四种错误类型在古诗文对照注译书稿中会经常碰到。这些错误有可能是作者的笔误造成，也可能是因为作者引用资料时原出处有误，还有可能是排版过程中的录入错误。这就需要我们在审稿过程中谨慎对待，碰到古代的人名、地名、官职名都要一一核实，要敢于质疑，多方求证。没有质疑就没有创新，也不可能发现错误，这是编辑书稿的一个基本态度和素质。对于怀疑有误的地方，不要怕麻烦，可利用手头的工具书或是互联网进行查证，消除疑惑。在审稿时，要注意前后联系，对前面看过的内容要心中有数，这样才能在后面的内容中发现表述有出入或是前后矛盾等问题，避免出现知识性的硬伤。

（李东源，广西民族出版社）

参考文献

[1] 黄启周.《中学古诗文对照注译》出版的二三事［M］//本书编委会.书情 书魂——广西民族出版社成立五十周年纪念文集.南宁：广西民族出版社，2007：44-47.

[2] 广西民族出版社编委会.一路书香一路歌——广西民族出版社成立六十周年画册［C］.南宁：广西民族出版社，2017.

新时期民族传统文化童书的发展趋势与创新思考

黄　丹

我国是一个历史悠久的多民族国家，几千年积淀形成的文化传统博大精深。各个少数民族都有自己长期发展形成的璀璨文化和独特的民族精神。民族文化类图书是我国图书市场不可或缺的一部分，民族文化类的儿童图书作为承担民族文化传承必不可少的载体，在童书市场上的表现还有待提升。本文将简单梳理民族传统文化图书的出版现状和发展趋势，探讨新时期民族传统文化童书的创新路径。

民族文化是我国56个民族在其历史发展过程中创造和发展起来的具有本民族特点的文化。她是中华文化的一部分，与传统文化在内容上多有交叉重复。本文所说的民族传统文化童书，主要指的是以民族、民间、民俗内容为题材创作的汉文图书，其中既包括广大人民群众耳熟能详的一部分中华传统文化题材，也包括汉族文化、富有地方特色的少数民族文化题材。以少数民族文字出版的少儿类图书由于地域性较强、受众面相对较小，大部分需要依靠国家民族文字专项资金支持出版，市场化程度相对不高，故暂不在本文讨论之列。

一、民族传统文化童书的出版现状

数据显示，在近三年的童书市场细分中，最受欢迎的三大板块是儿童文学、绘本、科普百科，其增速超过童书整体增速，童书出版作为出版产业最活跃、最具市场前景的一部分，竞争非常激烈。[1]近几年来，引进版童书和本土原创童书市场严重不平衡的现状正悄然发生改变，在不断地学习、借鉴、成长中，我国童书市场如雨后春笋欣欣向荣，涌现不少优秀的民间故事、神话改编的童书和以少数民族文化、非物质文化遗产为内容的原创童书。

习近平总书记在十九大报告中指出："文化是一个国家、一个民族的灵魂。文化兴国运兴，文化强民族强。没有高度的文化自信，没有文化的繁荣兴盛，就没有中华民族的伟大复兴。"而文化自信的一个重要标志，就是建立文化认同感。然而，在看起来十分火爆的传统文化类童书市场中，彰显民族传统文化的童书整体质量不高，市场占有率小，还有很大的发展空间。一些民族民间故事和神话改编的童书存在质量平平甚至低劣的现象，不仅造成资源浪费，也为后续此类题材的开发设置了"瓶颈"。问题主要表现为：

一是盲目开发，浅尝辄止。

不少民族文化类的儿童读物沿袭成人图书的制作方式，只是将已出版的针对成年读者的民族类图书文字简化，加上一定数量的插图，改一改封面设计，标注"少儿版"便重新出版，既没有考虑到本民族童书读者的心理需求和阅读习惯，也没有考虑全国童书市场的读者普适性。体现为版式僵化，风格老套，内容陈旧，插图不够精美、吸引力不足、缺乏想象力。

二是生搬硬套、品位低下。

民族文化类童书具有一定的民族特色和地域特征，本应将自身的独特性发扬光大，但部分出版社对童书经济效益的考量，超过了对社会效益的考量，忽略了对民族文化的传承与开拓。体现在审美品位不高、艺术性缺失，印制粗劣，纸张、印刷色彩不尽如人意，图书成品缺乏质感等方面。

二、民族传统文化童书的发展趋势

随着社会的发展、人民生活水平的提高，原创童书市场越来越受到重视，我国特有的民族文化逐渐成为原创童书的核心动力。近年来的原创童书出版物中，传统文化和中国原创成为发展亮点，我国越来越多的童书创作者和出版社对传统文化、民族文化的关注度大大提高，以传统文化、民族特色为核心的原创童书在各大书展上受到了广泛的关注。党的十九大报告中对弘扬中华传统文化的专门论述，释放出对出版业新的要求和利好政策，市场上不断出现叫好又叫座的传统文化类图书产品，这其中，占据绝对优势的仍然是少儿类出版物。据2019年京东大数据研究院联合京东图书共同发布的《2019京东童书消费报告》显示，童书目前是图书的消费巨头，2018年全国父母人均购买童书八本，其中，传统文化类童书势头强劲，少儿国学等图书非常畅销。据开卷监控，2020年第一季度，童书网店渠道码洋同比表现为接近20%的增长。自营童书细分品类中，规模较大的绘本类成交额增幅超过50%。内容主题有关孩子的成长和多方位教育的绘本较为畅销。[2]民族文化类童书在这样一个利好的“黄金时期”，其未来有这样几个发展趋势：

一是创作活跃化。如何努力保护并挖掘民族文化的思想精髓，让民族文化童书出版吸收、传播和创新中国传统文化，让下一代正确认识和对待本民族文化精髓，在市场上呈现出新的活力和魅力，是民族文化童书创作活跃化的一个内在推动。目前在我国，极具特色、能走向世界的童书作家寥寥无几。优秀童书作家的创作领域多集中在占读者绝大多数的汉族传统文化题材。这种情况下，过分依赖传统文化题材，反而会造成资源抢夺或过度开发。而民族文化资源是童书创作的另一“隐形的宝库”，可能是一条值得探索的童书创作和出版之路，成为童书创作者们青睐的选题资源。在国际绘本业发展相当成熟的今天，许多引进的外版书充斥国内市场，更需要能够展现中国丰富多元的民族传统文化的原创绘本，可以给儿童、成人读者以审美导向，培养他们对民族的热爱，提高其艺术修养与艺术辨别力，形成自身对本民族文化的认同感与归属感。[3]

二是表现多元化。民族文化童书依托的文化背景具有深厚博大的历史内涵、充盈丰厚的精神底蕴以及多姿多彩的特色内容；在信息流通越来越发达的情况下，文化的更新转型也日益加快，各种民族文化的发展都面临着不同的机遇和挑战，民族与民族之间的交往交流交融也在推动新的文化层出不穷；融媒体形势下，视频、动画、音频等等植入内容和二维码、语音技术、AR技术都在增加原创童书的表现形式：在这些合力的作用下，民族文化童书的表现形式也将越来越多元化，显示中华民族厚重的文化底蕴和强大的民族凝聚力。

三是图书精品化。2018年，中共中央关于《深化党和国家机构改革方案》明确了新闻出版工作划归中央宣传部统一管理。过去靠书号数量与民营书商合作出书、扩张市场的旧模式在主管部门整顿出版秩序、管理调控书号、合理分配资源、鼓励精品力作的出版政策面前难以为继。控制图书品种和规模，把有限的书号用在值得出版的、有价值的且能够盈利的图书上，这一方向短期内不会改变。此种形势下，出版的门槛越来越高，品质不高的童书将难以出版，这也将推动民族文化类童书精品化发展。

三、民族传统文化童书的市场化困境

民族传统文化童书应该担负起时代的重任，为孩子传递基于中国传统文化的新的美学理念，让不同民族的孩子不仅了解、接受并喜爱中国的优秀传统文化，也尽可能地多了解不同民族的优秀文化，将民族基因渗透在血液里，树立起中华民族共同体意识。但民族传统文化童书在适应新时代的读者需求、在市场上焕发活力、走出一条具有民族传统文化特色的道路等方面，仍存在以下几个方面的阻力。

1. 作者整体创作能力与民族传统文化童书精品的呈现预期还有一定差距。民族文化题材的童书不同于一般童书，不管是文字表述还是图画呈现，都需要创作者熟悉甚至精通中华历史，熟悉民族文化，才能化繁为简、举重若轻地撷取精髓。在这一前提下，既有创作热情又有才能且愿意积极配合编辑反复修改的作者，可谓凤毛麟角。一些成熟的童书作者不一定熟悉民族文化，而从事民族文化研究的作者又较少涉足童书创作。而且国内绘本作者的职业比较单一，主要为画家、作家或大学教师，这种单一性的作者群体奠定了作者经历的单一，通过他们的作品表现出来的作品主旨内容往往不够丰富，专业性又不足，导致图书整体质量得不到保证。[4]

2. 出版社满足于简单整合，不敢投入。童书是引导未成年人健康成长的重要工具，一直以来我国都对童书的品质有着极高的要求并对此严格把关，因此，跟风出版那些经过市场检验广受好评的作品无疑更加保险，能够带来稳定的利润。而民族文化题材的童书往往需要出版社从零起步，耗费较多的投入进行全新的策划，但市场预期却不明朗。由于童书面向低幼龄读者，一般字数不会太多，故事也不会太复杂，因此如何在精练的文字表达中体现民族文化的内涵，如何在画面布局中设计绘画细节来弥补文字的不足，也需要反复磨合，非常考验创作者和编辑的功力。

3. 开发难度大，出书周期长。民族文化与童书创作结合的途径有很多，例如传统美术和民族工艺中的水墨画、皮影戏、版画、年画、剪纸、刺绣、蜡染等等，如果结合得好，将大大增色，提升童书的审美品质。如中信出版社2019年出版了中国原创绘本《梁山伯与祝英台》《十面埋伏》，将传统绘画中水墨宣纸与版画、皮影戏技法融合，创造了独具中式之美的绘本风格，令人耳目一新。但这样的童书，开发难度较大，创作者需要具备较高的艺术水准，能跳出一些传统工艺的窠臼，为童书的主题需要服务，巧妙地潜移默化，而不是直白地复制。对于出版社来说，民族文化题材的童书特别要注意对内容的把握和对民族特色元素的再开发，很多时候甚至需要相关的专家学者进行指导，避免张冠李戴的错误，否则小则闹笑话，大了说不定会伤害民族感情，不可不慎。

用民族民间特色工艺创作的作品（如蜡染、剪纸、漆画等），往往具有材质、肌理方面的特色，要变为可用电脑后期处理的平面文件进行排版，又要保持其本身的质感，还需要一个转换、调整的过程，需要较长的出版周期。

四、民族传统文化童书的创新途径

1. 抓住机遇，鼓励原创

习近平同志在党的十九大报告中强调，“铸牢中华民族共同体意识”。铸牢中华民族共同体意识，就是要深刻认识我国是一个统一的多民族国家，在长期的历史发展进程中，各民族像石榴籽一样紧紧抱在一起，形成了56个民族共同组成的你中有我、我中有你、谁也离不开谁的中华民族命运共同体。既要承认其多样性，更要强调其共同性，多宣传中华民族共有的文化。这为民族传统文化童书的策划开发指明了新的思路。在我国的历史典籍中，有大量关于不同历史时期各民族交往交流交融的记载。新时期的民族传统文化童书应该通过深入研究，开发好这一题材，向青少年和儿童生动地反映各民族交往交流交融的历史。出版社应加大原创力度，每年拿出一定经费，资助和鼓励一定数量的创新原作，以此来形成累积，推陈出新。可以从工艺美术大师和艺术院校中挖掘高水准的各民族原创作者，着力培养高水准的童书作者，一旦发现优质的原创著作，应给予丰厚的报酬，激发其努力创作的热情。

2. 定位精准，树立品牌

随着童书市场的不断发展，童书出版已踏上从数量型向品质型转型、朝着品牌经济方向发展的道路。民族传统文化童书想要生存发展下去，必须拥有有竞争力的产品、高水平的选题。从选题策划开始就要从读者、作者、图书形式、发行渠道、宣传推广方面仔细考虑，定位“准”字当先。用树立长期品牌的理念，实现“儿童本位”的民族传统文化绘本创作，借鉴并创新创作方法，强化创作队伍建设，遴选并落实民族传统文化绘本的文学、绘画创作，给青少年儿童带来真正富有想象力和审美价值的童书产品。

3. 跨界创新，多方融合

未来童书跨界的形式、领域会越来越多。童书出版可以和少儿影视、少儿动漫、少儿音乐、少儿饮食、少儿玩具、少儿文具、少儿服装、少儿广告和少儿旅游区等融合发展，相互推动，形成产业链。[5]民族传统文化童书依托丰富的民族文化资源，只要敢想敢做、有创意，跨界营销应该有很大的市场空间和可能性。可以将民族传统文化童书与当地的幼儿园的游戏和艺术课程结合，开展阅读课、表演课、亲子剧等等，使之发挥更大的文化价值和教育价值；也可以为民族旅游资源丰富的地区精心设计、精心创作文创立体书，打造文化含金量高的旅游名片，以此推动市场。跨界所带来的好处，除了共同把目标客户群做大，让彼此实现价值的增加外，很有可能产生新的选题或开发新的项目，由此也为民族传统文化童书出版提供了新的用户运营方式和产品研发路径。这需要出版社创新思维，创新理念，大胆开拓，大胆尝试，合作开发，相互借鉴，找到恰当的契合点，相互融合，从而取长补短实现资源共享和优势互补，最后实现共赢。

总体而言，民族传统文化童书还有诸多不足，但是在形式上与时俱进，在内容上，原创性、自主性增强，展现了巨大的发展潜力。青少年和儿童是国家和民族的未来，营造良好的文化环境，使他们从小受到民族传统文化的熏陶，是我们出版人的重要责任。我国特有的民族文化是原创童书的核心动力，只有让传统文化的积淀和精神加入孩子世界观的建设中去，让儿童学会人性关怀和尊重生命，才能使传统文化的精髓得以延续。[6]我们有理由相信，有悠久丰富的优秀中华文化宝库做底蕴，有广大热爱绘本创作的儿童文学作家、插画家积极参与做基础，有无私奉献中国童书出版事业的广大少儿出版人做支撑，有蓬勃发展的庞大童书市场做保障，中国原创绘本市场一定会涌现出更多具有“强烈的中国气派、鲜明的地方特色、浓厚的民间风味”（《神笔马良》的作者洪汛涛先生语）的精品力作。

（黄丹，广西民族出版社）

参考文献

［1］周雅琴，王宇晗.探析本土原创童书创新发展的新思路.包装工程，2019（1）.

［2］谭旭东.守正创新与文化设计：2019年童书出版与儿童阅读推广观察.编辑之友，2020（2）.

［3］张晓明.绘本之力——从中国原创绘本视觉设计感受中国传统文化之美.第十四届沈阳科学学术年会论文集，2017.

［4］张珈萌.浅析引进版绘本给国内原创绘本创作的启示.新闻研究导刊，2017（4）.

［5］余人.跨界竞争环境下童书出版的发展方向与创新路径.出版广角，2018.

［6］周来祥.文艺美学.北京：人民文学出版社，2003.

国内原创儿童绘本发展路径探析

李巧灵

目前，少儿图书已占据图书市场的半壁江山，如何打造质量上乘的少儿图书品牌，在激烈的市场竞争中占据一席之地，成为图书出版从业人员应该认真思考的问题。而少儿图书中，儿童绘本以其丰富多彩的画面、简洁生动的文字，深受小读者们的喜爱。笔者仅从国内儿童绘本的现状、引进版儿童绘本畅销原因、原创儿童绘本发展对策等方面对市场上畅销的少儿绘本图书进行分析，了解其畅销的原因和规律，探索国内原创儿童绘本的发展之路。

一、国内儿童绘本的现状及问题

“绘本”一词出自日本，西方称之为图画故事书（picture book），顾名思义，指的是一类以绘画为主，兼附有少量文字或完全没有文字的书籍。现在市面上的绘本图书以儿童阅读为主，内容涉及文学、教育、科普等领域。

走进现今的图书市场，少儿绘本图书琳琅满目，题材和内容丰富多彩，吸引了不少家长和孩子在童书区驻足阅读，这里已经成为书店里人流量最多的场所。通过走访图书市场，不难发现，现在儿童绘本的品种日趋丰富。在国产原创图书中，安徽少年儿童出版社的“杨红樱童话注音绘本系列”（10册），中信出版社的“中国神话有意思”（7册）等绘本丛书的出版，为国内的原创绘本注入了更多的活力，使少儿绘本的品类日益增加。

在引进版中，有明天出版社的《好饿的毛毛虫》、河北教育出版社的《花婆婆》、北京科学技术出版社的《请不要生气》、河北教育出版社的《大卫，不可以》等，这些引进版图书的作者均为优秀的儿童文学大师，加上出版社成熟的市场运作手段，使得这些绘本图书一直在儿童绘本市场上占据主体地位。

在欧美等发达国家，经典儿童绘本被公认为儿童早期教育的最佳读物。20世纪90年代，绘本开始引入中国市场，引进版少儿绘本约占市场份额的90%，并且占据童书畅销书排行榜的首位。国内少儿绘本选题或多或少存在同质化严重、跟风出版等问题，创新性不足，在品类上优势不明显，选题策划及创作理念有待进一步更新与转变。

二、引进版畅销书《好饿的毛毛虫》给我们的启示

不管是国内还是国外，畅销的儿童绘本都有其共性以及一般规律。以明天出版社引进的美国儿童绘本《好饿的毛毛虫》为例，该书2008年4月第1次印刷，截至2019年7月第33次印刷，一直保持较好的销售业绩。

《好饿的毛毛虫》给我们的启示：

1. 内容为王

《好饿的毛毛虫》通过一张张活泼生动的图画，描绘了蝴蝶蜕变的过程，并且告诉小朋友不能吃得太撑太杂的道理，让小朋友在愉快的阅读中有所收获，在内容上颇具趣味性，能迅速贴合小朋友的日常生活和幼儿心理。整个故事非常简短，但有趣而隽永，小小的卵里钻出了一条又瘦又饿的毛毛虫，毛毛虫啃穿了苹果、梨子、李子、草莓、橘子、蛋糕等东西，发现只有树叶才是最适合它的食物。最终，它由一条毛毛虫变成了一只美丽的蝴蝶。通过阅读整个

故事，家长可以给孩子讲述毛毛虫蜕变成蝴蝶等生物学上的知识，举一反三，寓教于乐，在内容上做到了知识面的可延展性。

2. 绘本中的文字和绘画处理

绘本的文字非常少，正因为少，对作者的文字把握能力有了更高的要求，必须短而精，语言简洁，情节曲折，故事有趣，贴近小朋友的阅读心理和语言习惯。《好饿的毛毛虫》的作者艾瑞·卡尔写作功底深厚，在“星期一，他啃穿了一个苹果。可他还是觉得饿。星期二，他啃穿了两个梨子，可他还是觉得饿……”等循环往复的文字中，将毛毛虫不停吃东西、蜕变成蝶的故事娓娓道来，故事浅显易懂，又颇具趣味性，非常符合小朋友的语言风格和活泼可爱的阅读需求。更难能可贵的是，艾瑞·卡尔还具有一定的绘画基础，这就使得书中的图画色彩绚丽大方，线条组合巧妙简洁，形态上可爱又富有童真童趣，作者运用了拼贴的技法，凸显了层次感，并且色彩给读者带来强烈的视觉冲击，整本书的装帧和印刷都很精美，匠心独运。

3. 装帧设计有创意

《好饿的毛毛虫》在页面设计上别出心裁，随着毛毛虫吃的食物一天一天地增多，书本的页面逐渐由窄变宽，最后扩展到16开的页面规格。通过这样的设计，让小朋友们直观地感受到了时间的流逝，同时也深刻地感受到了毛毛虫吃的食物的数量变化。毛毛虫每天吃的水果都比前一天多一个，页面越往后翻，越宽，这正是数量带来的变化。小朋友在阅读过程中，还可以了解数学的概念，对“星期几”有了初步的认识。

同时，《好饿的毛毛虫》中鲜艳可爱的造型以及食物中的镂空设计，都可以激发小读者对剪纸以及造型的兴趣。在阅读这本绘本的过程中，简单而又抽象的线条组合会给读者带来丰富的美感体验和探索造型的欲望，激发小朋友的想象力、创造力和艺术感知力。

4. 引进版儿童绘本需要注意的问题

从《好饿的毛毛虫》的成功可以看出，将引进版儿童绘本本土化，必须选择那些适合中国国情的优秀之作，在价值取向和政治导向上贴近国内出版要求，从内容到装帧设计以及定价上适合中国读者的阅读欣赏习惯和消费需求。充满童真童趣、对真善美的褒扬、对亲情和友情等美好情感的抒写，一直是儿童绘本经久不衰的美好主题，在选题的选择上，图书出版从业人员也要致力于优秀价值观和道德品质的传扬，发挥积极向上的社会效益，才能使生产出来的图书在儿童绘本的市场上获得长远的发展。

三、国内原创儿童绘本发展对策

1. 转变观念，推陈出新

绘本创作人员应转变固有观念，积极投入市场当中，主动创造，贴合时代的发展，创作出具有时代精神风貌的优秀绘本读物，改变过去闭门造车，坐等编辑上门约稿、组稿的现象。另外，绘本创作人员应贴合儿童心理，用儿童的语言创作适合儿童阅读的文本，充分发挥自己的艺术能力和审美情趣，与儿童心理、市场需求紧密贴合在一起，让中国原创儿童绘本的内容丰富多彩，推陈出新，艺术风格更加多元化。

中信出版社出版的儿童绘本丛书“中国神话有意思”，搜集和整理了民间流传的有趣又精彩的7个神话传说：《九色鹿》《鲤鱼跃龙门》《神龙尝百草》《阳雀造日月》《愚龟移山》《酌取月光》《白羽飞衣》，保留原故事情节内核，摈弃陈旧意味，进行了符合儿童阅读情趣的童话风格的创新改编，《愚公移山》变成《愚龟移山》，《神农尝百草》变成了《神龙尝百草》……一套绘本就是一套综合的美学课：唯美中国风、金箔岩彩风、精致工笔风、时尚设计风、华丽装饰风、软萌布贴风、纸偶动画风……7个绘本，每一个都具有自己独特的绘画语言，极富梦幻感，既古典又时尚，既东方又国际。“中国神话有意思”成功入围“第十三届全国美展”，是国内原创儿童绘本比较成功的传统与现代相融合的选题。

2. 拓展题材，做出特色

绘本题材拥有无限的可能性，这是绘本创新发展的基础。童话故事、成长故事、民间故事、传统文化、传统习俗、个人经历、童谣、诗歌、哲学、历史等，都是儿童绘本创作的题材，广泛的题材可以开阔儿童的视野，满足儿童不同的需求，也让绘本的创作多元化。[1]

广西民族出版社出版的“伦观朝歌——广西壮族神话传说丛书”，就是取材自广西壮族口耳相传的神话。“伦歌朝观”四字为壮语音译，源自《布洛陀诗经》，原意为“讲述前世的根源”。该丛书共三册，经过重新改编，每册讲述3—4个壮族神话故事，按照创世神话米洛甲出世开天辟地、人类始祖神话布洛陀造人、人神分家以及各类神话人物如雷神、英雄人物布伯等壮族神话传说的顺序编写。内容生动活泼，文字简洁通俗，并标上拼音，方便小读者阅读，绘本采用剪纸造型绘图，淡雅生动，注入了民族元素，颇具壮族特色。每册的故事后面还有“趣味涂一涂”“趣味贴一贴”章节，这套壮族神话传说少儿绘本参考了广西少数民族服饰中大量的传统纹样，在“趣味涂一涂”中，小读者们可以发挥自己的想象力，拿起手中的画笔，为传统纹样涂色，也可以在“趣味贴一贴”中，用剪刀剪下书本右边的彩色故事形象，按顺序贴到左边的黑白图案里，极大地增加了小朋友的参与感，发挥了小朋友的主观能动性。在阅读故事的同时，还能动手、动脑，提高了小朋友的艺术想象力和审美能力。该丛书荣获广西文创产品大赛最佳人气奖，并与印度的图书公司在北京签署该丛书的版权输出协议，有效推动了民族文化的域外传播。

此外，广西民族出版社立足于民族民间题材倾力打造的《牛角梳》《百褶裙》《百鸟衣》系列，采用苗族的蜡染工艺讲述全新的故事文本，勾勒苗族人民对美好生活的向往，弘扬民间传统文化的真善美。作者杨云是非物质文化遗产——苗绣与蜡染传承人，她创作的《牛角梳》蜡染作品获得了2020年广西工艺美术最高奖“八桂天工奖”金奖。这也是广西民族出版社对民族民间故事以及对传统工艺的创新。

3. 立足儿童心理，淡化说教

绘本中要读的不仅是文字，还要从图画中读出故事，进而欣赏绘画。但儿童绘本创作最大的目的是让儿童快乐、感动，领悟真善美，不一定非要阐述深刻的道理。儿童在日常生活中会积累一些消极情绪，比如害怕、焦虑、不安等，儿童绘本就起到了一个排解不良情绪、释放关爱与陪伴的作用。不管是什么题材、内容、风格的绘本，都会给儿童带来不同的教育和引导。

中国中福会出版社出版的《牙齿，牙齿，扔屋顶》是一本具有中国味道的绘本，它以故事主人公妞妞掉牙、换牙为线索，通过描绘城南老巷子热闹有趣的生活场景，展现了老巷子里和睦的邻里关系，使读者感受到了旧时巷子文化的温情。

绘本从“我”，一个小妞妞掉牙了，要找爷爷把牙齿扔屋顶的线索出发，把传统巷子文化通过她路过的一个个细节完美地刻画出来，最后还以拆迁、新旧交替的规律来与巷子告别，贯穿整个绘本的情感体验。

老巷子的沉睡、老巷子掉了漆的墙、老巷子的童真、老巷子的醒来、老巷子里人与人的亲密、老巷子里的热闹，都让作者通过简单的笔触四两拨千斤地表达了出来。儿童在阅读这样的绘本当中，会感受到不一样的生活体验和温暖亲密的情感表达，它对读者的启发和熏陶，远超于一般的教育说教。让读者在潜移默化中，找到情感的出入口，出版物对心灵的滋养远比枯燥说教更深入人心，这也是儿童绘本需要努力的方向。

4. 加大政策扶持和资金投入力度

目前，国内知名的儿童文学作家和画家队伍不大，缺乏有影响力、有知名度的创作者，文本创作也成了原创绘本的“瓶颈”。作者队伍是最重要的出版资源，任何一个优秀的出版机构都拥有一支高水平的、稳定的作者队伍，以保证出版物的高质量。[2] 为了培养优秀的作者群，除了编辑善于寻找、发现适合的作者以外，奖励机制和人才培养机制也亟须建立起来，弥补优质儿童绘本作者群的空白。

（1）在高校设立相关课程或专业，探索和培养幼儿绘本专业人才。对现有的作者群体进行有计划、有组织的培训，提升作者的创作力，同时对优秀者进行重点的宣传、报道，打造名作家，提高知名度和影响力。

（2）设立相关奖励机制，加大对儿童绘本图书的资金投入。对优秀的儿童出版社、少儿编辑、作者给予奖励，使之有荣誉感和自豪感，激发其发挥主观积极性和创造力。另外，划拨专项资金，对人才培养、培训，对出版机构和个人以项目制进行资金补助。

（3）积极拓展选题。除了国家统筹、规划项目外，在经典名著、历史故事、古诗词等传统文化的基础上，编辑人员还应进一步拓展和创新，打造更多更好的选题，比如最新科技名人成果、幼儿生活、家庭与学校教育、自然风物等。形式上也要与时俱进，跟上时代发展的潮流，同时符合幼儿审美，考虑社会进步的因素，探索和现有的儿童故事平台融合发展的方法与路径。

（4）儿童绘本要实行“走出去，引进来”战略，学习借鉴国外优秀儿童绘本的模式和经验，消化吸收，弥补自身不足，同时积极走出去，将原创儿童绘本推出国门，尝试与国外优秀出版机构开展多途径合作。迎接国际化的竞争和挑战，提升我国的文化软实力。

优秀的儿童绘本需要创新与发展，出版机构需要改革与活力，出版从业人员同样也需要在时代发展的潮流中不断开拓自己的眼界，更新自己的知识储备，用更好的编辑视角去挖掘和培养优秀的儿童绘本选题，既要引导市场，也要主动创造和引领市场需求，只有以勇于创新的编辑出版精神不断开拓进取地创新选题，才能满足读者日益增长的精神文化需要，提高民族素质，促进社会进步。相信在不远的未来，国内原创儿童绘本将会崛起，为广大的小读者提供健康的心灵滋养，促进民族的可持续发展。

（李巧灵，广西民族出版社）

参考文献

［1］林勇.中国原创绘本的发展困境及对策探析［J］.新闻研究导刊，2017（12）.
［2］吴平.编辑本论［M］.湖北：武汉大学出版社，2005：121.

浅谈数字出版

陶安宁

随着科学技术的迅猛发展、网络的快速普及，数字出版已经成为现代信息传播的重要形式。如果按国际传播基准，即达到5000万用户为成熟的传播形式来看，实现这个标准，电话用了55年，广播用了38年，电视用了13年，而互联网只用了3年。可以说，数字出版已经来到我们的身边，并且正在改变我们的生活。因此，推进数字出版的发展，加快培育出版人才，是现代出版业发展的总体态势。

一、数字出版的概念

数字出版为出版活动，非出版介质。2010年，新闻出版总署颁布的《关于加快我国数字出版产业发展的若干意见》指出："数字出版是指利用数字技术进行内容编辑加工，并通过网络传播数字内容产品的一种新型出版方式，其主要特征为内容生产数字化、管理过程数字化、产品形态数字化和传播渠道网络化。目前数字出版产品形态主要包括电子图书、数字报纸、数字期刊、网络原创文学、网络教育出版物、网络地图、数字音乐、网络动漫、网络游戏、数据库出版物、手机出版物（彩信、彩铃、手机报纸、手机期刊、手机小说、手机游戏）等。"

数字出版新业态的产生，使出版物开始减少对传统载体的高度依赖，图书、报刊、音像、电子及网络出版的严格界限逐渐模糊，传统出版业以载体形态划分产业界限的格局正在被打破。

二、我国数字出版的现状

（一）数字出版的市场规模

数字出版在我国起步较晚，但发展势头强劲。根据中国新闻出版研究院《2019—2020中国数字出版产业年度报告》的统计，2019年，我国数字出版产业整体收入规模为9881.43亿元，较2018年增长11.16%。其中，互联网期刊收入23.08亿元，电子书58亿元，数字报纸（不含手机报）8亿元，博客类应用117.7亿元，在线音乐124亿元，网络动漫171亿元，移动出版（移动阅读、移动音乐、移动游戏等）2314.82亿元，网络游戏713.83亿元，在线教育2010亿元，互联网广告4341亿元。

（二）从消费方式上看，娱乐化、碎片化阅读成为趋势

通过数据对比，我们可以发现，网络游戏和移动出版的产值占数字出版总产值的比重都较大，这说明数字出版的娱乐化倾向非常强。网络游戏已经成为人们较为喜欢的阅读方式。此外，随着人们生活、工作节奏的加快，时间被“碎片化”了，伴随而来的是阅读的“碎片化”。在候机、等人、上下班途中、会议间隙，用手机浏览网页，阅读电子报纸、电子图书等，是现在人们利用零碎时间获得有效信息的最佳选择。但在专业知识和学术研究领域，传统阅读仍然占主导地位。

随着5G时代的到来，手机从单纯的通信工具向移动媒体发展已是大势所趋。虽然我国的移动出版起步较晚，但移动通信已经形成相对成熟的收费模式，这使得移动出版的盈利水平后来居上。目前，以手机为阅读终端的移动出版已经成为我国规模最大的数字出版类型。

（三）新技术层出不穷，阅读终端不断升级

近几年来，我国数字出版技术发展迅速，包括跨平台阅读、数字版权保护、内容结构化加工、云出版服务等技术日新月异，阅读终端不断升级。在移动终端方面，有各种智能手机、平板电脑、电子阅读器等，这些都给用户提供了更加良好的阅读体验。

（四）传统出版单位纷纷涉足数字出版

在数字出版方面，科技企业已将传统出版远远甩在身后。迫于自身发展的巨大压力，传统出版单位很早就纷纷转型涉足数字出版，并取得了一定的成果，融媒体出版物、数字教材、云课堂、数据库产品、AR/VR产品不断出现在读者面前。

三、传统出版单位开展数字出版面临的问题

（一）对数字出版认知度不够

传统出版单位从业人员对新技术极不敏感，对数字出版的认识整体上较为滞后。传统出版单位长期以来依托于书店销售图书，而数字出版目前主要的销售渠道和营销方式均在传统书店的经营范围以外，如软件专卖、捆绑销售和在线销售等，再加上盗版猖獗，这使传统出版单位对数字出版望而生畏。为了减少市场的盲目性和盗版的风险，只有少做甚至不做数字出版。

（二）技术人才匮乏

传统出版单位往往以文字编辑为主，习惯了“纸裁缝”的手工劳动，缺少既懂出版又懂信息技术的人才，更缺少对多媒体、互联网的操作实践，对数字出版的创意与编制、多种专业人才的群体合作以及产品质量的检测标准等方面，因缺乏操作经验，把握起来非常困难。人才的匮乏是阻碍传统出版单位开展数字出版的关键因素。

（三）数字版权问题

数字出版权到底是属于作者还是属于出版单位的争论一直在

持续。近年来，图书的数字版权归属问题已基本解决，作者可以把数字版权授予出版单位，也可以不授予。但是，对于过去已经出版的纸质书，其数字版权是属于出版单位还是作者便很难界定。只有在作者、内容服务商、平台运营商和终端厂商之间打通版权利益途径，数字出版才能走上正轨。

（四）互联网运营能力不足

目前，数字出版做得较好的是那些具有出版单位功能的科技公司，他们从事内容搜集、制作、运营、发行等工作。这些科技公司最大的特点是拥有多种渠道的互联网平台，有着良好的网络运营能力，而这恰恰是传统出版单位所欠缺的。对科技公司而言，他们目前最大的弱项是优质内容不足，且优秀的编辑资源大多还是掌握在出版单位手中。一旦他们拥有了一支强有力的编辑队伍，对传统出版业将会形成巨大的影响。因此，传统出版单位必须加强多渠道的运营能力。

四、传统出版单位如何开展数字出版

（一）利用自身优势，掌握数字出版的主导权

目前，大多数出版单位在整个数字出版产业链中仅仅是图书内容的提供者。图书经过科技公司进行数字化处理，形成能在互联网上传输、阅读、下载的电子书后，再经由专门的平台运营经营，出版单位仅仅获得提供图书内容的版税收入。即使那些已经构建了自己网络出版平台的出版单位，大多仍以在线销售图书为主，并没有在数字平台的赢利模式上进行有效的开发。长此以往，出版单位不仅难以真正挖掘到数字出版的市场潜力，还可能丧失在数字出版产业发展中的主导地位。出版单位应该在进一步掌握作者资源与开发图书内容的同时，凭借自身丰富的出版资源与长期积累的出版品牌，在自己的网络平台上构建相对完善的数字出版赢利模式，以实现从“内容提供”到“平台运营”的转型，获得对数字出版产业链的主导权。

（二）提高对内容资源的管理能力

内容是传统出版单位的优势资源，对内容资源的管理十分重要。传统出版单位的内容资源主要包括现有资源和历史资源。对历史资源的收集与整合一般是对产品进行分类、选择，找出有市场价值的产品类型，将其加工成电子文档，以备再次利用。对现有资源的整合，就是要加强图书电子文档的收集，保证内容资源的集中管理。

（三）开展项目合作，学习成功经验，锻炼人才队伍

人才的匮乏是制约传统出版单位开展数字出版的关键因素。人才队伍的建设是一个系统工程，不是靠引进几个技术人才就能立马解决的。科技企业涉足数字出版较早，积累了一定的经验，也培养和储备了一批专业人才。出版单位可通过与科技企业合作，学习其经验和做法并为我所用，借此培养出版单位的数字出版人才。

总而言之，传统出版单位应该把握时机，凭借自身优势，科学地加大对数字出版的投入力度，做好人才队伍的培养工作，积极主动地发展数字出版。

（陶安宁，广西民族出版社）

大数据时代下的编辑工作

陶安宁

随着我国现代信息科学技术的高速发展，大数据时代已悄然到来，许多传统的事物受到冲击，被加以改变，传统出版业就是其中之一。面对这前所未有的挑战和洗礼，传统出版业的工作者应该如何应对呢？本文将针对大数据时代的编辑工作受到的影响和其面临的挑战等问题进行分析，并提出传统出版业转型的方法与策略，希望能够起到借鉴作用。

一、大数据时代与编辑工作

（一）什么是大数据

“大数据”这个名词并不新鲜，20世纪80年代，就有人提出了相关概念，但将大数据频繁地使用到各个领域，并总结出一些结论或者规律，还是在21世纪现代信息科学技术高速发展的当下。大数据正在深刻影响着人们的生活、学习和实际工作，而更多更大的改变正在蓄势待发……

“大数据”并不仅仅单纯地在于数据量大，它泛指人们几乎没有办法能够在短时间内用各种常规方法进行收集、加工及管理的数据集合。其更多的意义在于：人们可以分析和使用的数据在大量增加，通过对这些数据的整合和分析，人们可以发现新的知识、创造新的价值。

（二）当今出版业的现状

当今的出版行业处于一个纸质图书和数字化图书二元竞争对抗的格局。一方面，传统的纸质图书仍然被认为是出版业发展中的领导者和主力军，在非网络娱乐类出版中仍然占据绝大部分市场的份额。另一方面，数字出版也表现出不断加强的趋势，许多网络文学占据了小说类出版的较大份额，而各种学习软件的推出也在不断挤压着传统出版的生存空间。但是，数字化图书经常出现写作水平低下、常识性错误多等情况，让读者感到无所适从。

（三）大数据时代下，编辑出版工作转型的重要性

在现代信息科学技术高速发展的当下，人们的阅读习惯已经有所改变，与以往通过图书、报刊等途径进行阅读相比，现在越来越多的人，特别是年轻人，开始选择数字化阅读，通过阅读平台推荐、网站上各类榜单及社交平台推荐等多种途径获取书目并确定阅读内容。

大数据时代下，传统出版行业想抓住市场和读者，就必须与时俱进地借助大数据和互联网信息，更精准地了解读者需求和阅读习惯的转变，并优化其出版工作流程以适应市场。

二、大数据时代下，传统编辑工作的挑战

当下，人们的阅读方式已发生很大的改变，传统的出版业需要做出较大的改革来面对大数据时代所带来的挑战和洗礼。与此同时，传统的编辑工作也得改变，新型的传播形式与媒介都冲击编辑的理念，传统的编辑工作方式已不能完全满足大数据时代下的出版工作需求。

（一）读者阅读需求改变

在传统出版工作中，由于获取信息的途径较少，编辑对市场变化和读者需求的了解比较片面且滞后。大数据时代到来后，人们获取信息的速度更快，从而使读者阅读的兴趣点和需求的改变也更快，喜欢花时间阅读纸质图书和报纸杂志的人在减少，单一的内容和热点的滞后性导致传统出版物的阅读量下降，编辑需借助大数据和互联网了解读者，策划出满足读者和市场需求的优质出版物。

（二）阅读市场细分化

在大数据时代，读者能够获得更多的信息，也开始进行更多元化的思考，而传统的编辑出版模式却难以紧跟读者群体和市场风向的变化。市场的多元化和细分化，要求出版物更具创新性，这样才能符合读者的需求和市场的变化。传统的编辑工作在应对市场变化而进行创新方面存在不足。

（三）编辑出版工作流程改变

传统编辑出版工作流程一般要先策划选题，然后组稿，确定内容后，再进行分析和内容整理，编辑成稿，再进行审稿，最后确定出版发行的方式，而这种方式已经被全新的方式改变。在大数据时代，部分网络编辑的出版工作流程已经变成了先撰写内容，而后进行审核和发表，因为网络出版成本低，大量的中间环节被跳过，出版发行的方式则变为对编辑出版内容的推广。因此，编辑出版工作流程开始出现二元化，即传统编辑出版和网络编辑出版的二元化。

（四）数字化出版业对传统出版业的改造不明显

目前，在以移动信息技术和移动互联网传播为主要代表的大数据时代，从传统文字的加工生产到制作、发行营销，再到后期的传播和保存，各种数字技术手段共同参与了所有的出版环节而逐渐呈现了一种崭新的出版业态，人们称之为数字出版。用这种数字化技术来对传统出版业进行创新，会在很大程度上提升和扩大出版业的发展速度和市场空间。但同时，出版业很明显被切割开来。大部分编辑对于数字化出版业的态度是制定一套全新的规则和战略，而并不侧重于对传统出版业的改造。因此传统编辑与网络编辑存在很明显的隔阂。

三、大数据时代下，编辑出版工作的策略

（一）借助大数据分析读者需求，并提供个性化服务

编辑应该善用大数据技术优势进行读者分析，提高个性化服务能力。当前，出版业之间的竞争主要是对读者的竞争，所以传统出版工作者应该借助大数据分析，更好地了解读者的阅读需求，有针对性地打造符合市场需求的出版物。例如，编辑可以通过各种社交媒体平台和数字化阅读网站，收集读者的反馈信息和阅读评价，分析市场中读者呼声最高的需求和图书产品信息，对读者群体进行“画像”，根据读者“画像”进行选题策划，为读者提供更具针对性的个性化产品。

（二）把握阅读市场动态，打造高质量精品出版物

在大数据和互联网时代，市场每天都是不断变化的，而市场的变化影响着传统出版工作者的选题策划、出版方向。在大数据时代，传统出版行业想更好地实现自身发展，就要收集市场数据，了解数据背后的图书市场动向，挖掘读者的兴趣点，分析成功出版物的关键特征，能够依托大数据分析结果和出版工作经验更准确地把握市场动态，打造定位准确的高质量出版物，这样才能更好地推动传统出版行业的进步。

（三）依托大数据，创新选题策划及出版模式

在大数据时代，传统出版工作的流程也需要改变和优化。首先，应该改变以往以编辑思路为主体的选题、策划、出版流程，善用大数据进行资源整合和数据分析，先确定市场目标群体。以市场

目标为基础进行产品策划和选题策划，贴近读者需求，从市场反馈角度出发开展出版工作。其次，可以开拓网络化出版模式，采取第三方支付的方式，构建出版行业的全新交易链。

（四）树立数字出版的理念

电子产品和计算机技术的日益成熟以及人们对于网络的日趋依赖导致相当一部分纸质阅读市场的空间被挤占，并且这种占比还呈现出日趋扩大的状态。

在数字化浪潮的重重冲击下，编辑需要很好地顺应其潮流。目前，许多出版社仍然依赖传统的出版、传统的经营方式来维系其生计，然而面对新媒体和大数据时代的挑战，编辑不能游离于外。虽然出版单位目前数字化出版盈利模式尚且不是很明确，但编辑要在他们所属的责任范围内有计划地努力去推进出版单位的数字化改革进程。

一是要有运用网络的基本能力：在互联网和大数据的业态下，编辑要具备熟练运用互联网的专业素质，对于门户网站、新闻网站等页面要适应，并且能熟练查找到自己所需要的新闻和资讯。

二是要创新编辑产品：在编辑的推动下，出版单位应通过先进的数字技术对出版的各类图书进行开放式的多媒体开发、立体互动，做出更加多元化的出版物。尤其是对于教育行业来说，因为教育行业的书籍不仅仅占了传统出版发行的很大一块，现行的线上教育阅读类书籍在很大程度上代替了传统的辅导类图书。我们可以想象，若干年后，学生们每天上课不再使用纸质课本，而是用数字课本，在老师的引导下高声朗诵，在平板电脑或手机等终端上完成作业，那时，对传统出版的影响将是巨大的。

面对新媒体的激烈竞争，传统出版最迫切需要解决和有效应对的第三个问题是新媒体的巨大市场竞争力给图书营销的整体宣传思路带来的冲击和变革。

（五）培养全新的编辑理念

卫星、网络传输等新一代技术的发展和普及，不仅需要编辑掌握信息传播的技术或者手段，与先进技术相适应，还要求编辑的理念跟上技术的发展。

一般来说，目前正处在从传统编辑向数字编辑转型的过程中，这种转型并不是单一的由传统转向数字，而是既转型又融合，在重要的教育辅导书、法律法规等领域，坚持使用传统型编辑，在娱乐等领域采用数字型编辑。根据编辑内容、出版内容所对应行业的需要发展全新的大数据时代的编辑理念，从而实现出版行业全新的发展与突破。

毋庸置疑，新的时代带来新的挑战，大数据时代的来临将是我们出版工作者所面临的一个大变局，但只要抓住了时代的浪潮，完成了编辑出版工作的转型，我们定能逆流而上，在大数据时代占据行业的顶端！

（陶安宁，广西民族出版社）

参考文献

［1］董宏宇.大数据时代传统出版编辑工作的转型之道分析［J］.新闻研究导刊，2019，10（14）：180+191.
［2］龙方明.传统图书出版编辑如何接受及化解大数据时代的挑战［J］.教育现代化，2016（22）：188-189+192.
［3］乌丽娜.大数据时代传统出版编辑工作的转型应对策略研究［J］.内蒙古财经大学学报，2018，16（05）：143-145.
［4］王永超.大数据时代纸质科技期刊出版模式的改进与提升［J］.江苏科技信息，2017（6）：29-31.
［5］林莉.传统媒体应对新媒体的竞争策略［J］.新闻爱好者，2012（6）.

[6] 熊凌.试论大数据时代传统图书出版业的变革方向[J].传播力研究，2018（6）.

[7] 游祯武.数字时代编辑出版的数字化转型工作探讨[J].新媒体研究，2016（15）：107–108.

[8] 李建伟，林璐.2018年编辑出版学十大研究热点述评——基于2018年编辑出版学学术论文关键词词频分析[J].中国编辑，2019（7）：33–38.

[9] 孙祥耀.传统图书出版编辑如何应对大数据时代的挑战[J].新闻研究导刊，2016（04）：249+253.

新媒体环境下图书出版编辑工作创新分析

凌　华

随着新媒体技术的迅猛发展和媒介融合的推进，传统的图书出版工作受到了不同程度的冲击与挑战。现代社会，人们获取相关信息更加依赖于互联网平台这种方式，人们获取信息渠道的变化，无疑将直接地影响传统图书出版受众的稳定，也影响图书的整体销售。在新媒体环境下，我们应该优化图书出版编辑工作的整体质量，不断创新图书出版编辑工作的思路，从多个方面转变图书出版编辑工作的方法，积极整合创新要素，准确把握图书出版的时代脉搏并巧妙运用新媒体技术，有效促进图书出版业的健康可持续发展。

一、新媒体环境下图书出版编辑工作创新的重要性

（一）创新是提升图书出版编辑工作整体质量的必经之路

与新媒体相比，传统媒体的弊端和弱点是显而易见的。要稳定图书出版编辑的地位，核心的路径和途径就是保证图书出版的高质量[1]。为了保证图书出版的高质量，必须加强图书出版的创新，为图书出版和编辑的质量打下良好的基础，并在图书策划中寻求更多的创新点，以吸引受众的持续关注。

（二）只有不断创新才能满足现代读者对阅读的需求

我国历来重视图书出版发行业。无论是在传统媒体还是新媒体环境下，我国图书发行量保持了相对较高的状态。然而，从目前来看，许多已经出版的图书都存在一个共同的问题，即作品与读者需求的对应度越来越低，不能满足现代读者的需求。这就要求我们在图书出版编辑过程中寻求创新和突破，将更多、更新的理念融入图书出版编辑中，以创新的内容满足现代读者对阅读的更高要求。

（三）创新是图书出版编辑工作进一步发展的必然要求

创新是时代发展对图书出版编辑的客观要求之一[2]。要进一步发展图书出版编辑工作，必须把创新放在首位。图书出版业必须认识到，当今图书市场的受众发生了巨大的变化，对图书出版编辑专业能力和水平的要求有了很大的提高。如果图书出版编辑工作还处于传统的工作模式和工作状态，不寻求创新和突破，图书出版业的生存空间将越来越小，图书出版编辑工作的价值也将越来越小。

二、新媒体环境下图书出版编辑工作创新策略

在新媒体环境下，为促进图书出版业健康发展，优化图书出版工作质量，应积极把握新媒体与图书出版编辑工作的关联性，积极实施科学的综合创新战略，以提高图书出版质量，进而全面提高图书出版编辑工作整体成效，不断提高图书出版编辑工作整体水平。

（一）积极转变观念，提升自身学习意识和创新意识

在新媒体环境下，要不断促进图书出版业健康可持续发展，就必须积极转变传统的发展观念，不断提高自身的学习创新意识[3]。当前，我国图书出版业发展中传统发展观念仍然占据主流，在很大程度上影响了图书出版业的创新及可持续发展。为确保图书出版业与新媒体发展高度兼容，图书出版单位要积极创新发展理念，积极创新发展模式，熟练运用新媒体技术促进自身长远发展。同时，图书出版编辑要与时俱进，不断学习新的技术手段，切

实提高工作效率，不断创新自己的工作模式。一方面，在新媒体环境下，图书出版单位要积极转变传统的发展观念，不断加大创新和发展的力度，不断落实和创新发展的手段，积极借助新媒体平台和新媒体技术武装自己，不断提高自我创新意识。图书出版单位要准确把握新媒体技术特点，熟练运用多样化的新媒体技术，不断实现选题策划的开放性和多样性，全面提高图书出版工作的整体质量。另一方面，在新媒体环境下，图书出版单位还应注重提高编辑的信息素养，不断优化编辑的信息意识，引导编辑积极参与图书出版工作。图书出版编辑的信息素养直接决定着图书出版编辑工作的成效和质量。在新媒体的环境之下，图书出版编辑必须要重视有关新媒体技术的熟练应用，要将这些技术积极服务于实际编辑工作中，深入挖掘有关图书的文化知识和精髓，最终实现图书编辑工作的全方面创新和良好的发展。

（二）结合读者实际需求，精准把握选题策划方向

在图书出版编辑工作中，有关选题和策划是非常关键的主要环节[4]。如果在选题和策划中出现了方向性的错误，必然会影响到图书出版编辑工作的实际质量，进而影响着图书的实际销量和整体市场上的份额。在新媒体的环境之下，为了能够有效推动图书出版行业的全方面快速发展，要充分利用现代化的新媒体技术来精确地把握读者在多元化和动态化上的需求，并以此来精准定位实际的选题方向和策划方式。一方面，在实际的图书出版和编辑工作中，图书出版单位要运用现代化的新媒体技术来不断加强和读者之间的互动，深度契合现代社会中读者的实际阅读需求和阅读习惯，才能够更加精准地服务于图书出版中的选题和策划工作，更加精确地服务于图书出版的选题策划工作。同时，图书出版单位也要积极转变旧观念，改变“闭门造车”的选题策划模式[5]。长期以来，图书出版单位往往过于依赖自己的工作和发展规划，独立进行选题策划。在新媒体环境下，读者的主动意识不断增强，能够独立利用新媒体收集和利用信息。只有准确把握新媒体环境下读者的需求，充分满足读者动态演进的需求，图书出版单位才能更准确地提高选题和策划的整体质量。

（三）全面创新营销方式，巧妙借助新媒体平台

图书出版的目的是销售，这本质上不仅是一种商业行为，也是一种知识传播行为。在传统时代，图书销售过程中，图书出版单位可能更喜欢现场促销和各种阅读活动[6]。这种营销方式费时费力，整体效率不高。在新媒体环境下，积极推动图书出版业快速发展，要充分利用新媒体技术创新营销方式，不断提高营销工作的整体质量和水平。一方面，图书出版单位在营销过程中，要巧妙运用新媒体技术进行宣传造势，充分调动读者的阅读兴趣。尤其是在一些新书的发行过程中，一些互联网宣传行为能够增强读者群体的依赖感。另一方面，图书出版单位也要充分利用新媒体技术，不断丰富营销工作的形式，如利用新媒体平台实现图文、音视频同步等多元化营销。

综上所述，现代化的新媒体技术的飞速发展，对于图书出版编辑工作来讲，是一个机遇也是一个挑战。为了能够从本质上推动图书出版行业更加健康可持续地发展，不断优化图书出版行业的健康发展，应在实际工作中充分结合全新的新媒体技术，不断创新图书出版编辑的相关工作。

（凌华，广西民族出版社）

参考文献

［1］石晶，张茜.探析新媒体时代图书出版编辑工作的创新策略［J］.新闻研究导刊，2021，12（03）：217-218.

［2］何赵云.新媒体时代图书出版编辑工作创新路径思考［J］.传媒论坛，2021（3）：144-145.

［3］邹滢.新媒体视域下图书出版编辑工作的创新实践［J］.新闻研究导刊，2020，11（22）：191–192.
［4］史军.新媒体时代图书出版编辑工作创新路径思考［J］.新闻研究导刊，2020，11（19）：187–188.
［5］熊家艳.新媒体时代图书出版编辑工作的创新路径分析［J］.新闻研究导刊，2020，11（16）：192–193.
［6］王慧敏.论新媒体背景下图书出版编辑工作创新问题［J］.传媒论坛，2020，3（12）：78–79.

浅析数字时代背景下民族出版的现状和发展

石彬筠

在中国出版语境中，“民族出版”隶属于民族文化产业，是一项以中国少数民族政治、经济、历史、语言、文化、艺术、教育、科技、医药等知识信息为主要出版内容的出版行为[1]。民族出版是宣传党的方针政策、弘扬少数民族文化、促进各民族文化交流的重要一环，在维护民族团结、促进社会发展方面起到重要的作用。随着数字时代的到来，数字出版快速成长为当前出版行业中具有强大生命力的新兴产业，民族出版不可避免地卷入数字出版的浪潮中。如何在数字化背景下突围，成为民族出版业急需解决的问题。

一、数字出版发展势头强劲

数字出版通过与计算机技术、通信技术、网络技术、流媒体技术的结合，为文字的记录与传播创造出一种新的方式。信息技术的革新与数字出版的发展给人们的阅读方式提供了多种可能，数字阅读凭借其便捷、快速的特性，在人们的生活中扮演着越来越重要的角色，改变了人们的阅读习惯。

2010年被业界称为数字出版的元年。经过10年的尝试，数字出版获得长足的发展。《2019—2020年中国数字出版产业年度报告》显示，2019年国内数字出版产业整体收入规模为9881.43亿元，比上年增长11.16%。其中，电子书达58亿元，移动出版（移动阅读、移动音乐、移动游戏等）达2314.82亿元[2]。市场总体规模庞大，且在不断扩张，数字出版行业仍拥有巨大的发展潜力。

根据中国音像与数字出版协会2019年发布的《中国数字阅读白皮书》中的数据分析，数字出版行业呈现以下特点：

（一）市场规模不断壮大，用户知识付费意识提高

2019年，数字阅读市场整体规模为288.8亿元，同比增长13.5%，在过去三年里，保持连续3年20%的增速，市场规模发展速度总体较快。同时，曾经一度尴尬的电子阅读器逐渐成为当下数字出版产品最重要的终端，电子阅读器硬件总体收入实现了100%同步增长的飞速发展。在用户市场方面，目前我国电子阅读客户已达到4.7亿人，同比增长8.8%，人均阅读量达14.6本，有53.8%的用户接触超过20本电子书，月平均消费为37.8元，单本电子书的平均接受价格为18.9元[3]。由此可见，用户的知识付费意识提高，愿意花钱在网上购买数字内容，从过去的纸质图书消费模式向以移动阅读终端为载体的数字出版产品转向，数字出版产品市场潜力巨大。

（二）网络原创文学兴起，出版形式多样化

近几年，网络原创文学作者的数量以及作品数量持续增长，逐渐占领传统出版物的市场。由网络原创文学改编的网剧、电影、游戏、同人动漫等，正处于蓬勃发展阶段，不少网剧、电影受到好评，具有一定的社会效益。例如根据网络文学作者玖月曦所著《少年的你，如此美丽》改编的电影《少年的你》，引发公众对校园暴力这一恶性社会事件的广泛关注。在大网络环境下，数字出版产品有了更多的形式。

二、数字化背景下民族出版的 SWOT 分析

SWOT是基于内外部竞争环境和竞争条件下的态势分析模型，强调与研究对象密切相关的内部优势、劣势和外部的机会、威胁等

因素，将各种因素综合分析，起到扬长避短、发挥优势的效果，避免和消除外部带来的威胁，最终抓住机会，获取竞争优势。

S（strengths）是优势，W（weaknesses）是劣势，O（opportunities）是机会，T（threats）是威胁。运用SWOT分析模型，我们可以尝试对民族出版业态的环境进行全面、系统的分析，从而根据分析结果寻找相应的对策。

（一）优势

1. 政策支持

为促进少数民族政治、经济、文化等各项事业的全面发展，党和政府实行民族平等、民族团结、民族区域自治等一系列民族政策，这有利于国家统一、社会稳定，同时也保护了各具特色的少数民族文化。党的十九大报告指出，“我国经济已经由高速增长阶段转向高质量发展阶段”，“中国特色社会主义进入了新时代，我国社会主要矛盾已经转化为人民日益增长的美好生活需要和不平衡不充分的发展之间的矛盾”。民族出版在国家政策的支持和要求下，要不断满足人民日益增长的美好生活需要，必须与时俱进，走高质量发展道路，顺应社会发展，守正创新。

2. 内容资源

我国是一个多民族、多语言、多文种的国家，56个民族经过了几千年的历史孕育，奠基了深厚的文化底蕴。55个少数民族拥有80多种语言，使用28种文字，拥有属于本民族独特的传统习俗、语言及艺术，这些经过历史沉淀的文化瑰宝成为民族出版的创作源泉。在不断坚持“内容为王”的出版要求下，各个民族的历史文化是民族类数字出版产品丰厚的内容资源。例如，青海民族出版社2019年推出的有声读物《藏族经典短篇小说》，把世代流传的藏族民间故事结合藏族文化以数字出版产品形式呈现，这是对民族文化的创新传承。不断深挖民族文化资源，为打造民族类数字出版产品提供一条可持续发展的道路。

3. 人才资源

在国家政策的指导和社会的关注下，少数民族地区不断加大对教育资源的投入，制订少数民族人才培养计划。具有高学历的少数民族出版人才，对于少数民族文化的传承具有重要作用。他们生长于此，从小接受着独特的民族文化熏陶，会讲本民族语言，深入了解本民族的风俗习惯、传统文化。这些出版人才能够结合自身的文化素养，运用所学的专业知识、先进的思维方式，在数字时代环境中，充分挖掘满足市场需求的原创民族文化数字出版选题，积累内容资源和少数民族作家资源。

4. 民族出版单位资源

我国现有民族类出版社37家，占全国各类出版社的6.6%，分布在14个省、自治区、直辖市，涵盖了全国所有的民族地区[4]。这些出版社分布广泛，通常依据民族的地域分布而独立设置，能针对性地对本地区民族文化进行数字化的开发与挖掘。同时，民族类数字出版产品首先面对的是本民族地区的读者，各个民族出版社拥有天然的内容资源优势以及定位精准的读者群体。这些条件为民族数字出版产品的研发和市场的开拓，创造了极佳的环境。

（二）劣势

1. 民族出版社管理受限

目前，民族类出版尝试进入数字出版领域尚且处于初级阶段。一是多年计划经济系统指导下的陈旧思维，二是当前民族出版社的管理体系、人才制度已经跟不上市场的发展，同时经济实力薄弱。民族出版社本身具有很强的公益属性，更多地强调社会效益。由于多年的经营模式，导致业务经济效益低下，单靠现有的政府拨款，难以支撑出版社进行数字化变革。在数字化建设的初期，单是数字化基础的建设，例如人才、设备、数据库以及APP的开发与维护都需要大量的资金，仅依靠现有的经济支持远远不够。同时市场上的企业通常因为民族出版社相关项目效益低下，回报不高，不愿意与之合作，技术外包的想法也遭遇重重现实困难。

2.缺少复合型数字出版人才

数字出版相比于传统出版，对出版人才的要求更高，主要表现在以下几个方面：首先是技术上，数字出版需要对内容进行较高的二次加工，并且需要研发阅读终端为数字出版内容提供载体，这就需要对出版人才的计算机知识有所要求。其次是要求数字出版人才在思维和意识上要有前瞻性，具有了解市场动态的能力。这就需要出版社拥有专门的技术部门以及专业的数字出版技术人才。目前，民族出版人才结构单一，很多编辑只会改稿审稿，缺少复合型人才。

3.数字产品形式单一

近年来，民族类数字出版相较于少儿数字出版，活跃程度较低。民族类数字出版产品的形态比较单一，大多停留在把已经出版的纸质图书数字化的阶段，一些优质的数字出版内容仅以电子书的形式存在，忽视了数字出版产品形式多样化的特征以及未来全媒体出版的发展模式，这阻碍了民族文化在数字环境下的多渠道传播和推广。

（三）机遇

1.近年来数字出版飞速发展

2012年，《国家“十二五”时期文化改革发展规划纲要》提出要进一步加快发展数字出版等文化产业。根据中国新闻出版研究院数字出版研究所公布的数据，2018年国内数字出版产业整体收入规模为8330.78亿元，2019年中国数字出版产业实现营业收入超过9800亿元，数字出版产业营收再创新高。与此同时，传统出版与数字出版正在从过去的产品融合、渠道融合，逐渐演变为平台融合、生态融合，迈向合二为一的一体化发展新阶段。

2. 政府大力推动民族文化事业发展

各地政府近年来大力推进本地区少数民族优秀传统文化的保护和发展，以铸牢中华民族共同体意识为主线，深入做好民族文化的传承和创新。以广西为例，截至2020年，广西共申请国家非物质文化遗产保护专项资金920万元，开展了桂剧、壮剧、彩调等多个项目共21位国家级非物质文化遗产传承人的抢救性记录工作。在文化大发展的环境下，政府的大力支持，为民族出版的发展营造了良好积极的条件。

3. 阅读终端飞速发展

21世纪以来，阅读终端从计算机、MP4、电子阅读器到智能手机，终端电子设备经历了一个飞速发展的过程。Kindle、掌阅iReader，以及汉王、纽曼等硬件制造厂商都推出了电子阅读器。而智能手机也成为人们生活中主要的阅读终端。随着5G时代的到来，移动互联网阅读终端将会得到更多的技术支持。那么，未来在移动出版领域将会有更多的发展空间，民族出版需要紧跟市场发展动向，及时抢占广阔的数字出版市场。

（四）挑战

1.“内容为王”和“产品为王”的双重定义

互联网的飞速发展，改变了人们的阅读习惯，快节奏的生活让人们追求短时间内获取更多的信息，难以进入深度阅读状态，阅读变得碎片化、简易化。数字出版产品要想在第一时间获得读者青睐，抢占市场资源，除了要有优质的内容，还要有丰富的、吸引人的产品形态。对数字出版产品进行设计以及对产品投放渠道进行选择，都变得十分重要。在坚持“内容为王”的出版要求下，“产品为王”这个提法也逐渐被业界所认可。而对于稍显复杂、枯燥且缺乏趣味性的民族出版而言，不得不说是一个重大的挑战。优秀的民族文化出版物不仅要有内容、有价值，也要适应市场规律，经得住读者的筛选。当前民族数字出版需要思考的是，如何对优质的数字出版内容进行“产品化”，在数字出版浪潮中，做出形态新颖且内容质量高的数字产品，树立民族数字出版品牌。

2. 版权机制不完善

新媒体时代下，信息的窃取变得相对容易，一些不法分子通过网络手段窃取原创内容，谋取利益。由于数字出版版权保护机制不完善，追查侵权者责任困难，原创作者维权成本高，因而作者通常只能持放任的态度。同时，当下网络内容付费的环境虽然得到初步的发展，但仍有部分人不愿意为网络内容付费。这就给了盗版内容一定的市场，使得版权控制极其困难。

3. 民族出版市场萎缩

民族出版的受众主要是少数民族地区具有一定购买力的人。随着社会经济的不断发展，人口流动频繁，因为升学和工作的原因，弱化了本民族语言的使用，对少数民族出版内容的需求减少。受众的不断流失，使民族数字出版市场的扩张受到一定程度的阻碍。

三、对策建议

1. 促进地区经济文化发展

少数民族地区经济发展总体较为缓慢，部分偏远地区的少数民族对于数字产品的概念较为模糊。在这样的条件下，谈数字出版可能会成为“纸上谈兵”。只有不断提高少数民族地区的经济发展水平，完善各项基础设施建设，通过生活水平的提升带动意识形态的升级，人们才会愿意以及有能力去关注与支持本民族文化事业的建设，促进少数民族地区的经济发展，铺设好数字信息网络。这才是民族数字出版的前提。

2. 转变经营理念，顺应市场规律

数字出版市场要求出版企业应转变思维，为数字出版道路创造出多种可能性。这就要求民族类出版社不能等着国家和政府把道路铺好再行动，而应该主动出击，转变经营模式，升级出版理念。公益性虽然是民族出版的重要属性，但应积极加入市场竞争中，不断为市场提供优质内容。同时想要使得数字出版产品能够在市场上畅销，就不能只依靠过去的发行渠道，还应该结合当下的市场环境、读者喜好、传播逻辑，开辟微博、公众号、短视频等多种运营渠道，开发音频、视频等更受欢迎的全媒体出版形式，做好内容的运营与渠道的维护。在一定程度上说，互联网营销时代，出版企业掌握多渠道运营和拥有高质量出版内容同等重要。

3. 培养复合型数字出版人才

在数字出版产业链，人才的缺失会阻碍行业发展的速度和进程。根据产业链结构，数字出版人才主要包括编辑人才、经营管理人才、运营人才、销售人才，这些环节上的数字出版工作者都需要有数字化思维。随着互联网技术、新媒体技术的不断发展，对于能够把握市场规律、了解新兴技术的复合型出版人才需求更高，例如对掌握动画技术、音视频技术、数字媒体技术的复合型出版人才的需求越来越明显。对于民族数字出版人才的培养不再只是深入了解民族文化，具有审校、挖掘选题等方面的专业能力，而需要从数字出版的内容源头、数字产品营销、数字出版技术、数字平台建设、服务与对外交流等方面进行综合培养，打造数字出版复合型人才。人才的培养并不是短时间内就能实现的，这就要求民族出版在发展数字出版的过程当中，紧跟市场变化的脚步，适时调整出版社人才结构，积极引进优秀的专业技术人才，弥补现有出版队伍的空缺。

4. 搭建高效的民族数字出版平台

在数字出版的背景下，平台的构建不仅仅是出版企业的产品销售渠道，更是一个企业宣传自身形象、发布产品信息、树立企业品牌、与市场互动的途径。从目前的平台开放程度来看，可分为公共出版平台和私有出版平台。“十三五”规划中，国家着力推动少数民族文化数字出版促进工程，搭建了少数民族文化数字出版产品公共传播服务平台。但是当前民族数字出版公共平台仍需完善，原因包括：（1）少数民族文字在信息化处理上较为困难，缺少能够兼容多种少数民族文字录入的输入软件，公共平台兼容性较差；（2）平台的建设需要投入人力、物力，运营和维护公共平台必须具备专业的技术团队；（3）公共平台机制还需提升对数字出版版权的保护；等等。

一些民族出版社在构建自己的数字出版平台方面也进行了尝试。例如四川民族出版社打造的点籍藏域藏文图书阅读平台，将大量国内一流的藏文图书资源进行整合，推出藏文在线阅读平台，类目涉及文集、传记、历史、医学、儿童读物、农牧民文库等。目前该平台有500种图书，平台用户量达到20000人，平台浏览量增至46000次，入选新闻出版署2020年度数字出版精品遴选推荐计划。这是民族数字出版一个可圈可点的范例。平台的构建能有效实现内容、品牌、资源的整合，是形成民族数字出版完整产业链的重要一环。

5. 打造特色鲜明的民族数字出版品牌

在新媒体环境下，信息更新速度快，要在数字产品种类繁多的市场中快速抓住受众，占据市场，就必须树立具有民族文化特色的数字出版品牌。再者，一日市面上出现爆红的产品，就会立马涌现各式各样的“仿品”，产品同质化现象严重。在竞争白热化的市场中，不突出内容的差异性、产品形态的创新性，很难突出重围，而竖立民族数字出版品牌应是一个重要方向。数字产品精品应体现在产品内容的质量、产品形态的创新、产品品牌的运营等多个方面。

中华文化之所以如此璀璨是由于各民族几千年来的历史沉淀，发展出了独特的优秀民族文化。民族出版社在深挖各民族的文化内涵的同时，也要强调民族品牌特色，这样才能兼具经济效益和社会效益。只有文化传承与文化创新并驾齐驱，将优秀的文化与时代的发展相结合，在数字时代背景下不断探索，才能建立起鲜明的民族数字出版品牌。

（石彬筠，广西民族出版社）

参考文献

［1］翟瑛栋，任忆冬.互联网时代民文出版数字化转型研究［J］.出版科学，2018（4）.
［2］扬子晚报网.规模逼近万亿！2019国内数字出版产业年度报告发布［EB/OL］.（2020-12-21）［2021-3-1］.https：//www.yangtse.com/zncontent/1061045.html.
［3］董兴生.中国数字阅读产业规模达288.8亿 你愿意为电子书花钱吗［EB/OL］.（2020-04-23）［2021-3-1］.https：//baijiahao.baidu.com/s？id=1664756620667810498&wfr=spider&for=pc.
［4］马国仓.在辉煌与艰辛中前行［N］.中国新闻出版报，2003-09-15（1）.
［5］姚晟，张婷，田方斌.近十年来我国期刊数字化研究进展［J］.出版科学，2016（4）.
［6］郑鑫.数字出版技术与编辑出版工作的数字化探究［J］.新闻传播，2021（2）.
［7］张亚慧.数字出版技术与编辑出版工作的数字化［J］.科技资讯，2020，18（34）.
［8］林晓华，郭发仔.民族出版业发展移动阅读的策略［J］.现代出版，2016（1）.
［9］王卓英.近年来民族出版研究综述［J］.编辑之友，2015（9）.
［10］德庆央珍.少数民族语言出版的数字化思考［J］.出版发行研究，2013（6）.

［11］马国林.基于新媒体背景的民族出版数字化分析［J］.企业改革与管理，2015（21）.
［12］李彩琴.大数据时代传统图书出版编辑的应对策略［J］.新闻研究导刊，2020，11（19）.
［13］戎鸿杰.互联网时代下图书出版的数字化发展道路［J］.传媒论坛，2020，3（15）.
［14］罗玲芳.全媒体时代传统出版编辑面临的挑战及应对措施分析［J］.传播力研究，2020，4（9）.

浅谈现代校对

郑季銮

出版物既是物质产品，又是精神产品。它作为一种思想文化信息的载体，具有文化传播和文化传承的功能。莎士比亚说，书是全世界的营养品。《图书校对工作基本规程》指出，实现文化传播和文化积累，最重要的条件是“保真”，即准确无误，完整无缺；失真的、残缺的信息是没有传播和积累价值的。只有书所负载的信息尽可能准确无误，才能给读者输送营养。为了保证出版物质量，有关部门制定了“三校一读”制。由此可见，校对是出版系统工作中非常重要的工作环节，是不可替代的环节。

过去，校对的主要工作是校异同。这是因为以前是铅字排版，排一本书时，需要排版工人一个字一个字地拣字排。一本书少则几万字，多则几十万字，再细心的排版工人，都有疏漏的时候。因此，排版好的稿子就需要校对员拿着原稿一字一字地核对。

随着激光照排技术的出现，打印稿和原稿已经基本一致了。在这种情况下，校对的校异同功能显然弱化了。加上计算机软件的应用，以至于有人认为校对没有存在的必要了，于是有的出版社解散校对部门，实行“编校一体”。

长期的实践工作证明，校对工作不能和编辑工作合二为一。

首先，现代作者在利用拼音或五笔输入法录入文字的过程中，由于音近或字形相近而产生较多的文字差错。此外，现代作者较多地引用网络上的资料。网络上的资料可以说是非常丰富的，但是很多没有经过认真核实，或在传播引用的过程中层层失真，这就使得作者引用的资料存在较多差错。其次，现代编辑所要顾及的面太广——既要策划选题，编辑加工书稿，又要进行营销推广，因此就可能顾此失彼，不能专心致志加工书稿。这就使得发排稿中存在比例较高的错漏。最后，校对的工作方式、思维习惯和编辑是有很大不同的。编辑侧重于对书稿的政治性、事实性、知识性以及语法和逻辑等进行加工，其线性阅读习惯使得他们容易忽视点的信息。而校对由于经过专业的、长期的训练，积累了丰富经验，对字、词、句更敏感，更容易发现这一类型的错误。

为了保证出版物质量，校对工作必须以一道独立的工序存在于出版生产流程中，只是现在它的校异同和校是非这两个基本功能的位置改变了。被称为“东城校父”的优秀年轻校对吕飞说：“校对工作的发展方向是编辑化和学者化。”“编辑化”指的就是校对工作的校是非功能增强了。

当下，作为一名校对，我们该如何提升自己的校是非能力，做好编辑的帮手，把好出版物质量关呢?

一、加强理论学习

刘少奇指出：“理论是实际工作的指针，没有理论，工作就是盲目的。”关于理论学习，习近平总书记指出：“在理论学习上，干部要舍得花精力，全面系统学，及时跟进学，深入思考学，联系实际学。”因此，首先要学习马列主义、毛泽东思想、邓小平理论、“三个代表”重要思想、科学发展观、习近平新时代中国特色社会主义思想，提高自身的政治理论水平，切实增强自身的政治敏锐性和政治鉴别力，在工作中才能防范政治立场、政治观点、政治倾向错误以及导向性、政策性错误，守好出版阵地。其次要学习出版政策法规。出版政策法规是出版工作各个流程的指导文件。通过对《出版管理条例》《图书质量保障体系》《图书校对工作基本规程》等的学习，校对主体不仅掌握了校对的理论知识，对校对的本质特征和基本规律有了明确的认识，而且掌握了校对的工作程序、方法，对提高校对水平大有裨益。

二、增加实践积累

陆游《冬夜读书示子聿》说：“纸上得来终觉浅，绝知此事要躬行。”只有将学到的理论知识运用于实践中，才能深刻理解其中的含义。校对在工作过程中，往往需要查阅大量的资料。这些资料不仅包括出版行业法规、规范，还包括各学科知识。通过与所校书稿中的质疑点进行对照，既能加深印象，又能增进理解。经过较长一段时间的工作，校对就能将各种出版规范灵活运用于工作中，并且积累各学科知识。

三、培育责任心

传统校对理念强调“对原稿负责”，现在强调“对读者负责，对社会负责”。这一理念的转变，使得校对肩上的担子更重，责任更大。责任心是保证书稿“零差错”的最重要的条件。一个有丰富校对经验和广博知识的校对，如果其责任心不强，在校对的过程中就可能对书稿中存在的错误“熟视无睹”，或者在存疑的情况下不愿意花时间查阅资料来排疑，这必然会使较多的错误遗留在出版物中。要培育责任心，首先要求校对员要正确认识校对这一工作的社会价值，树立校对是为优秀文化的传承贡献体力和脑力的一种智力劳动的意识。这样，校对员的获得感才会明显提升，工作的积极性和主动性也会提高。其次，要把校对这一工作过程当作自身学习、实现自我价值的过程，工作的热情才不会被时间消磨掉。再次，要充分利用行业研讨、集体培训的机会，和老一辈校对及优秀中青年校对进行交流。榜样的力量是无穷的。通过交流，校对员对校对工作价值的认同感会进一步增强。

总之，校对工作是现代出版工作中非常重要的环节，而校是非又是校对工作的重点和难点。校对员只有意识上重视，行动上自觉，才能做好校对这一工作。

（郑季銮，广西民族出版社）

参考文献

［1］“铅与火”到“光与电”印刷术见证新中国科技创新［N］.科技日报，2009-09-21（2）.

［2］吴海平.校对工作：由“校异同”转为“校是非”［N］.中国图书商报，2011-05-10（2）.

［3］宋圭武.理论学习关键在知行合一［N/OL］.光明日报，2019-06-28［2019-12-25］.Http：//www.china.com.cn/opinion/theory/201906/28/content_74931404.htm.

［4］刘爱军.编辑加工和校对中的思维差异及转换［J］.科技传播，2017（9）.

浅谈校对人员业务素质的提升

黄一清

近年来，中央对文艺文化创造发展有了很多新指导、新要求，出台了多项引导出版高质量发展的相关政策，这些深层次的调整带来了出版行业新的多样性、复杂性的变化。但无论怎样，对出版内容和编校质量的坚守依然没有改变。2019年1月1日开始实施的《图书出版单位社会效益评价考核试行办法》指出，“出版质量”的评分标准总分为50分，其中内容质量42分，编校印装质量8分。“出版质量”分值占比不低。新闻出版署每年都会开展“三审三校”制度执行情况专项检查，重点检查制度落实、人员资质、职责落实、内容把关等方面的情况。新闻出版署每年都会开展图书质量管理专项工作，对全国范围内的出版单位的图书进行抽查，并通报编校质量不合格图书的名单、出版单位、责任编辑、差错率。省（自治区）级的出版管理部门也会每年组织一到两次的全省（自治区）范围的出版单位图书编校质量抽查并通报抽查结果，对于不合格的图书，出版单位和责任编辑要承担相应的惩罚后果。这一系列的规定和检查，和日益严格的质检要求，都告诉每一位出版人员：图书质量是我们出版工作坚守的底线，无论信息的载体如何变化，对内容的把关不能放松。尤其是对于新媒体内容的把关，要做到“线上线下一个样”，在意识形态和宣传口径上，要和党中央保持统一。

尽管从国家到地方，检查、要求，层层加压，但图书质量，包括内容质量和编校质量的现状依然令人唏嘘。2019年，新闻出版署公布的编校质量不合格图书的差错率，最高为万分之八点多，是合格线万分之一的八倍多。省（自治区）级每年的编校质量抽检，所反映出的编校质量问题也不容乐观。很多问题如果在加工过程中稍加留心，均可避免。种种情况，说明质量依然是图书出版的痛点，更是和新形势下高质量发展的要求相去甚远，也足以说明，无论如何变化，“三审三校”依然是出版过程中极为重要和关键的环节。出版单位和出版工作者，必须坚守和严格落实这一制度。

作为“三审三校”制度中“三校”的最终落实者，校对在保证图书质量方面发挥了极为重要的作用。普遍认为，校对是编辑工作的延伸和补充。编辑和校对对稿件的把控角度不一样。编辑审稿，注重于内在的逻辑性，但很多细节问题往往容易熟视无睹，见错而不知其错。相比于编辑工作的“线性”，校对更注重于“点”。校对在工作过程中，经过不断培养和训练，对很多问题有独特的敏感性和较好的把控力，比如：对政治用语、民族表述的细微区分，对文字、语法、标点、内在逻辑的准确把握，对公式、字体、版式的校核问题，对书稿内部计算工误的核算，对图表、注释、符号的内部统一问题，等等。林林总总，不一而足。甚至在校对过程中，还会发现遗漏的内容质量问题，包括政治导向问题、“三史”问题、“三俗”问题等，这也反映了校对工作绝不是大众所认为的“小儿科”。相反，校对是图书付印前的一道坚实的防线，对保障图书质量尤其是编校质量，发挥了极为积极的不可忽视的作用。校对可以弥补编辑知识和精力上的不足，可以发现书稿中隐性或显性的错误，使书稿更加完善，使编辑的心血得以实现。校对和作者、编辑一起，共同分担着出版物质量优劣的责任。

但是，由于工作的特点，校对人员本身也容易存在比较普遍的问题。

一是容易妄自菲薄。校对，是一项需要沉下心锻炼“板凳功夫”的工作。安静内敛，似乎是校对人的集体形象。但由于普遍存在的偏见或者某些校对人员对自己的定位不准确，总觉得校对在书稿编校工作中充当配角，编辑才是主角，而且校对不创造经济利润，所以总让自己保持低调，甚至是不自信。比如：在某些书稿的把控能力上，明显优于编辑，却不敢太过表露自己的观点；在讨论某些有争议性的问题时，明明经验丰富，却小心翼翼，模棱两可。可以说，这是主观或者客观原因给校对人员在心理上留下了阴影。

二是容易产生思维的局限性。由于工作的特性，校对人员容易“两耳不闻窗外事，一心只在稿件中”，只局限于自己的方寸书桌，只是想在自己的“一亩三分地”里精耕细作。把自己仅仅定位为看稿子的“工匠”，习惯于用校对的思维思考问题，对出版社的生产状况缺乏主动了解，对周围的信息自我屏蔽，给人的感觉，校对部门似乎与世隔绝，每天就像考试一样在处理稿子。长此以往，此种工作的思维和方法，容易使校对人员形成思维上的孤岛，极不利于校对人员个人的成长和价值的实现。

三是容易对问题判断不够精准，思考问题往往“只见树木，不见森林”。由于校对处理稿子着重在“点”，注重抓细节的部分，因而容易造成过于注重细微之处，没有培养首先从整体上把控稿件的习惯。比如：总认为政治导向、民族宗教的问题是编辑审稿时的任务，而缺乏对相关知识的积累、对时事政治变化和规范条例更新的了解；没有依据作者的语言习惯掌控全本稿件，而是硬套所谓的规范修改文字；没有理解某些规范真正的要求和禁用的对象，而是机械地点对点地去套用；没有理解标点需要最终服务于文字和语言表达，而是强求所谓的统一；没有理解数字用法的使用大原则，而是碰到数字就硬改；等等。正所谓“不知全貌，不予置评”，缺乏经验的校对人员，会出现机械地套用和统一的问题。

基于以上存在的问题，校对人员可以尝试在以下几个方面进行自我提升。

一是学会“讲政治”，提高政治素质，关注时代变化，关注宣传思想工作的新要求。校对人员要培养“四个意识”，主动学习党的方针、路线、政策，学习新时代的政治理论、治国理政的方略，提高自身的政治意识。因为政治意识是把关意识的前提。校对人员如果对政治导向、政治立场、政治理论认识不清晰甚至有偏差，对当前的意识形态工作严峻形势认识不到位，对宣传思想工作所面临的复杂问题认识不深刻，就会削弱自身的政治敏感性和判断力，在把控稿件时容易对不宜出版的内容把握不严，轻易放过，则极有可能酿成严重后果。

二是要调整心态，对自我价值有清晰的认识。首先，作为校对人员，要充分认识自身岗位的重要性，明确高质量的出版物可以树立出版社的品牌和良好形象，增加美誉度，同时，质量的提高在某种程度上会带来效益的增长。国家对出版高质量的发展要求，以及每年重申的“三审三校”制度，就已经是很明确的指导方向。其次，校对人员要充分认识到，编辑和校对只是工作岗位的不同、工作侧重点的区分，并没有地位上的高下之分。编辑和校对是可以平等对话的。校对人员对自己的工作职责要坚守，对自己的把控能力要自信，对有助于提升稿件质量的良好意见要有理有据地去表达。

三是了解一些编辑的工作程式，培养一些编辑思维。校对人员要适当地从习惯性的“点”性思维中抽离出来，多和编辑沟通，和出版同人、业内人士交流取经。了解编辑工作的程序，了解编辑思考问题的角度，尝试转变思维，从编辑的角度去思考如何把控稿件。比如：了解稿件作者的背景，能对稿件的文字风格有大体的掌握，在处理文字方面的问题时，就不容易把行文风格和表达习惯当成所谓的不规范而加以硬改；了解稿件的审稿过程，就能对稿件的大体问题心中有数，在校对时就会有所侧重，运用相关的知识积累解决遗漏的问题，就不容易“眉毛胡子一把抓”，无所适从。总之，校对人员要在注重“点”性问题的同时，适时跳出“校对思维”的窠臼，培养一些全面思考的方式，“点面结合”，以求更好地把控稿件的质量。

四是了解质检的要求，培养一些质检的思维。图书质量检查，是一项很严谨很专业的工作。它有规定的流程，有每个环节的任务和要求，更重要的是，有相关的规范依据和差错认定细则。校对人员要摒弃“面对质检是编辑的事情”的错误思想，除了学习国家规范和行业标准以外，沉下心来学一些质检工作的相关知识，了解质检的侧重点，有助于解决稿件中的问题：比如《图书编校质量差错判定细则计错表》中，明确一般性政治错误、时间年代（年号）差错、语法逻辑性错误、引文有误等问题，计错数比较高，这就可以指导校对人员在处理稿件中，首先要对此类问题“严防死守”，毫不放松；同时，还可以从细节上理解规范的指向，比如计错表中D2提到“专业字母词、非通用字母词在文中首次出现能译成中文的未括注中文术语，每处计0.5个差错”，校对人员可以抓住要求的关键，明确是“首次”出现和字母词后括注中文，如果是中文术语，则可以考虑不括注字母词；等等。校对人员学习质检的知识，仔细研读差错评判标准，并把相关要求倒推到校对工作，可以有助于更好地理解和落实国家标准和行业规范的要求，提高对稿件的把控精准度。

五是建立自己的资料库。校对人员可根据出版社的出版方向、平常工作的常见问题和自身的知识积累短板，建立自己的资料库。资料库可以分类建立，比如党的政治理论和政策、新时代的新思想新理念，党的基本知识，我国民族政策和民族理论、民族风俗禁忌，我国的宗教政策和指导方针、宗教的基本情况以及出版的国家标准和规范、关于标准和规范的解读，等等。从大方面到小细节，分门别类。同时，为了避免资料繁多，不易查找的问题，可以制作资料库的目录，除了标题外，把资料的主要内容、关键词、在校对过程中容易碰到的知识点以及自学过程中看到的知识亮点等，都附在标题后。在不断积累的过程中，形成一份属于自己的索引资料，在处理稿件时便于查询。在这个不断学习、不断发现、不断积累的过程中，循序渐进，对稿件的把控水平也会逐步提升，对把好付印前的质量关也会更有底气。

总之，无论出版内容的载体如何改变，内容、编校质量的底线依然要坚守。因此，校对人员更应转变思想，以积极自信的姿态投入到把关的案头工作中，更要不断地多渠道地提升自我，于日常中见积累，在细节中显功力，用成效打消偏见，以质量赢得信任。

（黄一清，广西民族出版社）

参考文献

［1］刘忠林.浅论校对人员的政治意识和把关意识［J］.新闻传播，2013（1）.

［2］完颜鸿.校对是一门做人的艺术——兼谈校对五忌［EB/OL］.http：//comnews.cnlinfo.net/465500.htm.

浅论图书编辑应具备的素质

李东源

2016年11月，习近平总书记在《中国文联十大、中国作协九大开幕式上的讲话》中说道："中华民族生生不息绵延发展、饱受挫折又不断浴火重生，都离不开中华文化的有力支撑。中华文化独一无二的理念、智慧、气度、神韵，增添了中国人民和中华民族内心深处的自信和自豪。在五千多年文明发展中孕育的中华优秀传统文化，在党和人民伟大斗争中孕育的革命文化和社会主义先进文化，积淀着中华民族最深沉的精神追求，代表着中华民族独特的精神标识。我们要大力弘扬以爱国主义为核心的民族精神和以改革创新为核心的时代精神，大力弘扬中华优秀传统文化，大力发展社会主义先进文化，不断增强全党全国各族人民的精神力量。"

图书编辑作为文化战线的一员，要坚持以人民为中心的图书出版导向，坚持为人民服务、为社会主义服务，坚持百花齐放、百家争鸣，坚持创造性转化、创新性发展，把出版优秀图书的理想融入党和人民的事业之中，做到胸中有大义、心里有人民、肩头有责任、笔下有乾坤，推出更多反映时代呼声、展现人民奋斗、振奋民族精神、陶冶高尚情操的优秀图书，为我们的人民昭示更加美好的前景，为我们的民族描绘更加光明的未来。

如今，我们正处在一个知识更新加快、科技突飞猛进的时代，人们的生活和工作方式正在以前所未有的速度变化着。不同年龄、不同背景的读者对图书提出了或广博、或精深、或愉悦的需求。文化兴则国家兴，文化衰则国运衰。图书编辑所从事的是关系国家文化兴衰的事业，把优秀的精神食粮奉献给人民群众是图书编辑的崇高使命。传播先进文化首先要求编辑要热爱祖国，有理想、有信念，热爱文化事业。在新的历史阶段，图书编辑的文化责任感就体现在通过编辑出版手段来为中华优秀文化做贡献，以传播、弘扬先进文化为己任，战胜平庸、摒弃粗俗、克服浮躁、勇于创新，建设先进、优秀的中华文化。图书编辑有了文化责任感，就要自觉主动地不断努力提高自己的文化素养，熟练掌握编辑出版业务知识和技能，加强内功修炼，在实际工作中展现出敬业精神、职业风采、人格魅力和业务能力。

一、图书编辑应具备的素质

图书编辑工作需要的是复合型人才，从创意策划、选择选题、组稿、审稿、加工到宣传、发行，都需要编辑去思考、去实践。因此，图书编辑应具备的素质是方方面面的，可以概括为以下几点：

1. 优秀的政治思想素质和工作作风

（1）图书编辑要熟悉马列主义、毛泽东思想、邓小平理论、“三个代表”重要思想、科学发展观的基本原理和习近平新时代中国特色社会主义思想。要坚持正确的政治方向，保持旺盛的政治热情。要不断地学习政治、领会精神，具备一定的政治理论水平。要有正确的政治观、价值观，在实践过程中讲政治，并灵活运用，指导编辑工作，严把政治关，善于及时发现和消除图书稿件中的政治错误。

（2）社会主义出版工作代表着先进文化的前进方向，图书编辑应该具备文化的追求、科学的信仰、高尚的情操、创新的精神。图书编辑的思想与行动必须同党中央保持一致，自觉地宣传、贯彻党的政策方针，不违反党的纪律与国家的法规。

（3）图书编辑要以社会效益为至高准则，要始终坚定“质量第一”的原则，以高度社会责任感正确处理社会效益与经济效益之间的关系。

（4）图书编辑要有高度的事业心与敬业精神，要有严肃认真、一丝不苟、实事求是、扎扎实实的工作作风，要有强烈的使命感与责任感。

2. 系统全面的编辑出版业务水平

（1）图书编辑要掌握编辑学的基本原理与规律，熟悉编辑工作的全过程。编辑工作包括选题策划、组稿、审稿、加工、发稿、审样、宣传、营销等过程，编辑要以广博的知识储备为基础，对获取的信息进行优选、创意和优化组合等综合性的精神生产。

（2）图书编辑要熟悉著作权法、出版管理条例、图书质量管理办法、合同法等与出版工作有关的法律法规。这些是做好编辑工作的依据和准则。

（3）图书编辑要熟悉出版印刷知识，包括纸张、印刷工艺、装订工艺等，这些都是图书项目整体策划内容的一部分。

（4）图书编辑要有职业追求与职业敏感。编辑的职业追求是对先进文化、先进科学技术的追求，是一种对优秀的选择，也是一种对创新的探索。编辑的职业敏感是对信息、价值、市场的判断、捕捉、策划与坚持。这二者兼具是成为一名优秀编辑的前提。

（5）图书编辑要具备一定的经济学基本知识，能够独立开展图书市场调研工作，并对图书提出宣传、营销的计划与策略。

3. 广博的社会科学与自然科学知识

（1）图书编辑的主体专业知识要精，并要熟悉该专业的发展动态和信息。

（2）图书编辑不会只从事某一特定专业的业务，因此图书编辑不仅要努力成为某一专业的专家，而且更应当是杂家。

（3）图书编辑工作涉及面广，在工作过程中会经常碰到各式各样的问题，包括政治、经济、历史、地理、外语、物理、化学等等，这就要求编辑要靠日常的博览、博记、勤于思考来解决问题，或是知晓如何寻找解决相关问题的参考资料。

（4）如今我们正处在一个信息大爆炸的时代，新理论、新技术层出不穷，这就要求编辑的知识储备要不断更新，要与时俱进。

4. 较强的逻辑思维能力与文字水平

（1）图书编辑的工作主要是文字工作，良好的语言文字能力是图书编辑的基本能力。编辑必须掌握语言文法规则和丰富的词汇，用语行文要规范、标准，能够准确、完整地表达原意。

（2）图书编辑要熟悉标点符号用法、汉语拼音正词法基本规则、出版物上数字用法等相关标准。

（3）图书编辑要有较强的逻辑思维能力。编辑工作的整个过程是运用知识和思维活动的过程，思维是在表象、概念的基础上进行分析、综合、判断、推理等认知活动的过程。选题的策划与选定、稿件的择优与录用，都要经过这一过程。尤其是编辑要通过逻辑思维对编辑客体做出判断和优化选择。

5. 优秀的策划与创新能力

（1）图书编辑除了要从事文字工作，还得从事选题策划工作。这要求编辑要有扎实的丰富的科学文化知识，既专又博，博学多能，要注意知识的更新，了解新信息、新论点、新成果，运用新思维、新观点来开拓新局面。要具备成熟的政治思想素质、开放熟练的图书业务素质，有较强的沟通能力、宏观的驾驭能力来组织书稿，协调方方面面的关系。

（2）创新是对图书编辑更进一步的要求。因为只有高质量的创新才能带来经济的发展，出版社只有高质量的图书品牌创新，才会有蓬勃发展的局面。而图书品牌的创新来源于思维的创新、知识的创新。这要求图书编辑应当善于学习、勤于思考，站在一定的思想与学术领域的高度，在掌握的信息及科学文化的积累中挖掘出新的点子或者是进行新的组合。

二、提升编辑素质的途径

1. 加强政治理论学习

较强的政治敏锐性是编辑正确开展工作的先决条件，政治水平的提高是一个长期、不间断学习和积累的过程。编辑应当具有长期学习政治理论的积极态度和学习习惯，要深刻领会习近平新时代中国特色社会主义思想，接受马克思主义文艺观、出版观教育，牢固树立“四个意识”。自觉地培养自己的政治敏锐性、政治洞察力、政治鉴别力，熟悉党的路线、方针、政策，在思想上明确自身的社会定位和社会价值，明确自身的政治责任，时刻保持清醒的政治头脑，用政治的眼光去审视、编辑、检查书稿，避免在出版物中出现政治性失误。

2. 参加业务技能培训

编辑的专业水准与职业素养决定着图书出版物的质量。编辑的专业化程度越高，业务越熟练，就能够更有效率地开展工作。编辑要通过积极参加职业技能继续教育培训，从专业角度完善编辑知识体系、丰富编校经验，不断增强业务素养。

3. 将理论付诸实践

编辑要认真学习我国新闻出版工作的方针政策及编辑出版政策法规，熟悉出版过程的特点，了解出版与社会的关系，不断提高思想水平、政策水平。在策划、选稿时要把党在近期的方针、政策与本出版社的中心工作有机地结合在一起，要把是否科学、准确贯彻党的基本路线和有关方针政策，是否促进学科、专业的发展，是否有助于提高广大人民群众的科学、文化素质等，作为选题、出版的标准，并贯彻在图书编辑出版的各个环节中。

4. 撰写编辑出版专业论文

图书编辑通过撰写编辑学理论与实践的论文，一方面，可以锻炼自身的写作能力，提高写作水平；另一方面，在撰写论文的过程中，会查阅许多相关资料，并对有关问题进行有针对性的和深层次的思考，提出自己的独到见解，这也必然会提高编辑自身的业务能力和理论水平，从而全方位地提升个人的素质。

（李东源，广西民族出版社）

参考文献

[1] 习近平.论党的宣传思想工作［C］.北京：中央文献出版社，2020.
[2] 胡怡.新形势下图书编辑应具备的职业素养［N］.中国新闻出版广电报，2019-06-05.
[3] 泽登钢.如何在数字化时代提高编辑素质［J］.中小企业管理与科技（上旬刊），2020（8）.
[4] 游翔.提高编辑素质，多出精品力作：浅析新时期图书编辑的素质和能力［J］.传媒，2020（12）.
[5] 查朱和.新时代编辑素质“六要”新要求［J］.中国出版，2020（7）.
[6] 任肖琳.粗谈审读编辑素质［J］.新闻传播，2019（17）.

新媒体时代下编辑身份的解构与重构

蓝雪玲

编辑人员承担着出版工作的中心环节，是出版工作的骨干力量。随着新媒体时代的到来，出版产业面临着诸多挑战，编辑身份也在悄悄地发生着嬗变。在时代浪潮的推动下，编辑人员必须集策划、审稿、发行、营销等多重身份于一身。新媒体时代下编辑面临诸多挑战，编辑身份应进行解构和重构，我们要积极思考编辑到底是什么、应该怎么做等问题，探寻身为图书编辑，在面对行业冲击时的出路，以期实现出版行业的可持续发展。

现代信息技术和传播手段的发展，带来了媒体时代的全新变化，人们的阅读理念、阅读方式和阅读习惯也因此发生改变。在图书出版行业面临着如此巨大的变革下，编辑的转型无疑是首当其冲的。大势所趋的数字化发展背景让传统意义上的编辑人员必须进行身份解构，重构自身定位，由单一型编辑转型为全能编辑。对于新媒体时代而言，传统图书编辑工作模式的固化让其不能满足当前读者的多方面需求，从而在促进行业发展方面也面临巨大挑战，因而应当摆脱传统的桎梏，做到传统与现代的结合，充分发挥编辑身份的功能性，思考如何能让编辑出版行业重现生机。

一、新媒体时代下编辑面临的挑战

以往人们对于信息的获取以及知识的学习大多是通过纸质媒介来实现。但到了新媒体时代，人们获取信息的方式以及阅读方式从线下变成了线上，这种方式给人们的生活带来了便利，同时也被越来越多的人所接受。新闻出版研究院第十七次全国国民阅读调查显示：2019年我国成年国民包括书报刊和数字出版物在内的各种媒介的综合阅读率为81.1%，较2018年的80.8%提升了0.3个百分点，数字化阅读方式（网络在线阅读、手机阅读、电子阅读器阅读、Pad阅读等）的接触率为79.3%，较2018年的76.2%上升了3.1个百分点。图书阅读率为59.3%，较2018年的59.0%上升了0.3个百分点；报纸阅读率为27.6%，较2018年的35.1%下降了7.5个百分点；期刊阅读率为19.3%，较2018年的23.4%下降了4.1个百分点。数字化阅读的发展，提升了国民综合阅读率和数字化阅读方式接触率，整体阅读人群持续增加，但也带来了纸质阅读率增长放缓的新趋势。[1]

调查研究发现，手机和互联网成为我国成年国民每天接触媒介的主体，有声阅读成为国民阅读新的增长点，移动有声APP平台成为听书的主流选择。超过半数的成年国民倾向于数字化阅读方式，倾向纸质阅读的读者比例下降，而倾向于手机阅读的读者比例上升明显。于是在经济收益上，我国数字出版产业总体收入呈现逐年增长态势，但我国的出版产业却面临着竞争加剧、重新洗牌、效益下降的局面，甚至有些出版社，包括业界有名的出版社一度出现选题资源枯竭、经济亏损严重的现象，以纸质图书销售为主的书店不少相继关闭。

面对数字化浪潮的侵袭，新媒体时代的编辑身份存在着一定的困境，传统图书出版编辑工作模式已不能满足当前用户的实际需求，而且在促进行业发展方面也存在着较大的缺陷。随着现代科学技术在出版业中的广泛运用，很多出版编辑工作采用了数字化编辑，这种现代化编辑形式在较大程度上提升了出版效率以及出版准确度，也让出版内容可以更加丰富多样以及具有时效性，这是很多传统图书编辑无法做到的一点。经过多年的实践和探索，虽然我国已经形成了一套相对完善的出版产业化体系，可以在一定程度上保证出版工作的正常运营，但是在新媒体时代，这种产业化体系已经不能满足社会发展以及人们日益增长的精神文化需求。这就要求出版工作中心环节的编辑人员进行身份的重新定位，解构与重构自己的编辑职责，以更好地适应时代发展的要求。

二、新媒体时代下编辑身份的解构——编辑是什么

在人类社会最初，“身份”只是个体成员交往中识别个体差异的标志和象征，它给予社会以秩序和结构。现代社会中“身份”是指社群中个体成员的标识和称谓。客观的“身份”包括原籍、年龄、辈分、性别、职务、职业等。主观的“身份”则内含身份认同，如内部人和外部人，熟人和陌生人，君子和小人等。

担任出版工作的编辑人员被赞誉为“人类灵魂的工程师”“优秀作品的助产士”“善识伯乐的千里马”“为人作嫁衣的无名英雄”等。这些称号给编辑身份下了定义，同时也说明了社会对编辑人员职责、功能的承认和对编辑人员的期望与要求。因此，在新媒体时代下，在行业被大洗牌的背景中，编辑身份应该被再次解构，重新认知自身身份定位。

编辑工作是出版物复制和发行的前提。出版工作主要由编辑、复制和发行构成，没有编辑工作，出版物的复制和发行就不能进行。编辑工作的质量水平，是直接影响、制约甚至决定复制和发行效果的因素。[2]对编辑身份进行解构，主要是看编辑的基本职能是什么。从整体来说，编辑的职能有文化生产中的组织功能、文化传播中的选择功能、文化创造中的优化功能、文化建设中的引导功能四种类型。出版产业是一个文化生产的行业，新媒体时代是一个信息“大爆炸”的时代，在信息“大杂烩”的环境里，编辑应该通

过自身的选择，组织、设计、审读、加工出优秀的文化作品，把有价值、适宜传播的出版物面向社会进行传播，以满足读者的需要，促进社会的进步。当人们在急剧膨胀和泛滥的信息面前感到无所适从以及传播渠道的增多让人们在海量的信息面前感到眼花缭乱时，编辑往往担任的就是把真正有价值的信息选择出来，择优汰劣，并找到这种信息传播的最佳渠道和方式。新媒体时代虽然会让文化产业面临大洗牌，但编辑的基本职责往往是不会改变的。对于编辑“是什么”的解读在一定意义上传统与新型参半，但无论是传统编辑还是新时代的新型编辑，编辑身份所体现出的政治性、思想性、科学性、创造性、选择性和中介性一直存在，要在其中对工作模式的各个方面进行创新，这也是编辑自身能力提高和行业发展的必由之路。

三、新媒体时代下编辑身份的重构——编辑怎么做

一直以来，图书就是广大人民群众的精神食粮之一，在提升人们道德素养、拓宽人们的视野等方面发挥着非常积极的作用。在新媒体时代，人们的阅读需求发生着变化，对编辑身份的要求也相应提高，只有通过对既有模式的重构，才能更好地满足当前社会对于出版编辑以及出版物的具体要求。

首先，应该提升编辑的选题策划能力。作为新时代的编辑，应该多在内容的整合上下工夫，要对出版资源进行解构、重构、搜集和优选，及时补充、积极思考符合出版社选题方向的内容，并且不断更新，实现对已有的选题资源的利用，充分发挥本社的内容资源优势。新媒体时代，编辑要对选题创新给予足够的重视，数字出版一方面对信息传播方式进行改变，另一方面也转变了人们的思维方式和价值观念。[3]大众阅读途径往往会选择电子阅读产品，阅读时间也变得碎片化。那如何能博取大众的眼球，吸引他们对自己的书籍产生兴趣，并形成购买力，选题的创新无疑是新媒体时代出版

竞争的核心。所以新媒体时代下，编辑身份的重构应该要注重创新能力的提高，网罗各方信息，发散思维，从读者出发，做到人无我有，人有我优，人优我全。

其次，应该提升编辑的发行营销能力。随着出版业市场化程度的提高，产业竞争愈发激烈，不但要面对彼此的竞争，还要面对来自其他媒体的竞争，这使得编辑的身份存在多元的特点。不仅要伏在案头做一个文字编辑，还要深入市场，做一个懂市场、懂营销的编辑。出版物的价值体现在能否经得住市场的考验，编辑必须熟悉本行业的市场现状和竞争格局，做到对市场结构充分了解，深入分析市场空间，预见市场未来的走向，掌握市场规律，策划、设计、生产出适销对路以及有针对性的出版物。而在新媒体时代的今天，发行渠道不再是单一化的，为了适应这一情况，编辑应将新媒体时代下多元出版营销作为起点，综合运用网络营销寻找读者市场，拓宽发行渠道。

最后，编辑应该提升运用新技术的能力。当代传播技术日新月异，因此编辑要保持对新技术的敏感性，及时了解并运用新技术武装自己。随着科技的发展，新媒体可以运用在方方面面，工作方式的创新也体现在对新媒体技术、运营方式的运用上。如今出版业已经告别了铅与火的年代，人工智能、大数据、AR、VR等技术的兴起和运用所带来的变化已经渗透到编辑工作的各个环节。这些技术对于编辑身份的重新建构，是必不可少的一环，能够熟练运用并掌握新技术，不仅有利于编辑能力的提升，也能给出版物内容、传播等方面带来质的飞跃，比如体现在可以选择恰当的媒介表现方式，真正发挥编辑构建媒介的功能，使得传播获得最佳效果。因为在信息时代的冲击下，纸媒正在逐渐走向边缘化，作为图书编辑应该要保证图书形式被大众所接受和喜爱，这就要求编辑必须致力于技术转型，侧重对各种新媒体技术在内容和形式上的运用，以更好地打造作品、服务读者。

四、结语

作为社会文化活动之一的出版活动，它既是人类文明发展的重要成果，又是促进人类文明发展的有力工具。在新媒体时代不断发展的过程中，出版活动有着丰富的内容，也与人类社会有着更为积极的互动关系。不同于传统的媒体时代，新媒体时代让编辑身份背负了更多的挑战，同样也面临着更多的机遇。在这种情况下，编辑人员应该正确认识和适应新媒体时代对出版产业的新要求，对自己的身份进行解构后，审时度势地重构，全方位提升自己的选题策划能力、发行营销能力以及运用新技术的能力，做一个全能型编辑。同时，面对新媒体时代带来的冲击，编辑人员不能消极懈怠，也不能盲目乐观，应该正视问题，在此基础上对出版的每一个环节进行解读和重新思考，并且提出相应的创新改革路径，才能更好地让出版这一行业在新媒体时代下实现长效可持续发展。

（蓝雪玲，广西民族出版社）

参考文献

[1] 第十七次全国国民阅读调查成果发布［EB/OL］.［2020-04-20］.http：//www.nationalreading.gov.cn/ReadBook/contents/6271/414891.shtml.

[2] 国家新闻出版署出版专业资格考试办公室编.出版专业基础·中级［M］. 北京：商务印书馆，中国书籍出版社，2020.

[3] 赵丽丽.试论新媒体时期编辑角色转型［J］.中国传媒科技，2017（8）.

关于出版中级考试

郑季銮

每年临近10月，出版中级考试都会变成社里的热门话题。即将参加考试的老生总是忧心忡忡地说：“好难啊。” 新生则疑惑地询问道：“听说中级考试很难，是不是真的？”

出版专业技术人员职业资格考试是在人力资源和社会保障部、新闻出版署的统一领导下进行的，分初级和中级。《出版专业技术人员职业资格管理规定》要求，在出版单位担任责任编辑的人员必须在到岗前取得中级以上出版专业职业资格，并办理注册手续，领取责任编辑证书。而责任编辑是指在出版单位为保证出版物的质量符合出版要求，专门负责对拟出版的作品内容进行全面审核和加工整理并在出版物上署名的编辑人员。从《出版专业技术人员职业资格管理规定》的内容可以看出，出版中级证是一名出版从业者的资格证。

据统计，每年全国出版中级考试的通过率大约为30%。从数据来看，出版中级考试确实挺难的。然而，事在人为。明代宋濂在《送东阳马生序》中说：“余幼时即嗜学。家贫，无从致书以观，每假借于藏书之家，手自笔录，计日以还。天大寒，砚冰坚，手指不可屈伸，弗之怠。录毕，走送之，不敢稍逾约。以是人多以书假余，余因得遍观群书。既加冠，益慕圣贤之道。又患无硕师名人与游，尝趋百里外，从乡之先达执经叩问。故余虽愚，卒获有所闻。”这段话说的是宋濂早年虚心求教、刻苦学习的经历。这数十个字即道出了他取得成功的秘诀：虚心勤奋。

我从事出版工作已有十几个年头。初入行时，也听前辈说起中级考试之难。由于我是本科毕业，所以工作的第五个年头才有资格参加中级考试。而由于读书较晚，那时我已经快三十岁了，结婚生育的大关在等着我。为了能尽快通过考试，我给自己制定了严格的复习计划：提前将近一年复习，每天晚上和周末都去图书馆，尽量减少社交活动，全力以赴准备考试。那段时间，我对自己的要求近乎严苛，几乎所有的空余时间都是在图书馆度过的。我把《出版专业基础》和《出版专业实务》从头到尾认认真真看了一遍，并画出了重点。这个过程大约花了半年时间。在看第二遍的时候，我便只看画好的重点，并尝试背诵。看完一章，再认真做后面的思考题。这个过程大约花了三个月时间。然后开始做习题。做习题的时候，我没有看书，也没有看答案。等做完一份习题，才对照答案。对答案时，我并没有把自己做错的答案擦掉，而是在旁边订正。对于每一道做错的题目，我都翻看《出版专业基础》或《出版专业实务》，从中查找核对正确答案。通过一轮练习，我对《出版专业基础》和《出版专业实务》这两本书的理解更深，掌握的知识也更多。同时，通过对错题进行分析，结合自己本科专业特点，我确定了最后一个月的复习重点：错题和公式。

在去参加考试的时候，我一点都没有感到紧张，虽然不知道自己能不能通过考试，但是这么长一段时间复习带给我的自信是潜移默化的。在考试的过程中，我仔细做每一道单选题。对于多项选择题，则是选自己有把握的选项，模棱两可的选项则不选。由于综合题有A和B两套题，考生可自由选择其中一套，所以我选了自己较擅长的计算题。

功夫不负有心人。和我一起参加考试的同事有近十人，只有三个人通过了考试，我是其中一个。

每当新同事问起中级考试，我总是告诉他们：“不是很难的，我一次就通过了。”之所以说“我一次就通过了”，并不是让他们觉得我有多厉害，而是想给他们树立这样的信心：别人能做到的事我也能做到。

我备考时，手里只有三本书：《出版专业基础》《出版专业实务》和一本题库汇编。现在还有考前培训、专题讲解之类的，形式和内容都丰富了不少。宋濂说：“其业有不精、德有不成者，非天质之卑，则心不若余之专耳。”因此，抱怨出版中级难考，其实是因为自己“不若余之专”。只要工夫深，铁杵磨成针。

认为出版中级难考，除了没有下足工夫，还有一个重要原因，那就是没有从根本上认识到这一考试的重要性。出版中级考试除了给我们提供从事编校工作的“通行证”，更重要的是使我们通过学习，对出版工作有了一个全面了解，并且使我们掌握了一定的工作技能。经过一段时间的学习，不仅我们的理论水平提高了，工作能力也提升了不少。因此，我们应该把考试当作学习，而不是一种负担。党的十八大以来，习近平总书记不断“劝学”“促学”。他指出，好学才能上进，“事业发展没有止境，学习就没有止境”，“增强本领就要加强学习，既把学到的知识运用于实践，又在实践中增长解决问题的新本领”。我们只有不断学习，才能提高工作能力，为保障图书质量贡献自己的一分力量。

每一个人都应该坚信，只要认真复习，就一定能通过考试大关。

（郑季銮，广西民族出版社）

浅谈图书印前的编辑读样

杜　洪

图书编辑是图书出版的中心环节，是一项庞杂细致的系统工程，一部书稿经过三审、设计排版、三校一读（有的图书还会请专家审读）后，才将近付印。至此，真的可以放心发单上机了吗？就实际经验来看，未必。无论前面的关卡把得多严，差错总会静悄悄蹲在印前样的某个角落里，考验编辑的责任心、耐心和眼力。

作为书稿责任人的责任编辑，对书稿的审校、修改情况最为了解，所以应贯彻把关意识，承担起印前通读的责任。除了对印前样做一般性的印前检查（如封面、内封、版权页、目录等），还应至少做一次通读，戒除急躁，系统而有针对性地消灭印前存在的各种差错。

了解、掌握印前差错的起因和规律，重视并制定相应的通读策略，可以实现印前的高效灭错，打好图书质保最后一关的“肃清战”。本文试从实际操作的角度，结合笔者的经验，谈谈编辑的印前读样。

一、编辑印前读样十分重要

印前读样，指通读印前样稿，可以是三校样，也可以是改错样，也可以是电子样或排版源文件，主要目的是消灭印前差错。

从编校工作自身的规律来说，书稿创作、三审、排版、校对四大环节的负责人，会因职业、身份、学习历程、知识来源不同，存在不同的盲区，这决定了书稿印前差错存在的必然性。四种角色之间，不同关口负责人的专注力和责任心，对印前差错的存在情况更是有着根本影响；盲区互补程度的高低，则会直接影响印前差错的概率和量。所以，印前差错是质量风险，也是概率问题，不可忽视。

从人类的一般思维规律来看，选择性注意普遍存在，也会对印前差错有着根源性影响：当某种错误特别吸引注意力时，其他错误也就不那么鲜明；当错误跻身正确之林，则会显得突兀而昭著。有的错误在数次审校中未被注意，在其他差错减少后则十分容易被发现。经过发校对后的一段空档，编辑对书稿会有一定的疏隔感，疲劳度降低，三校次改错也会使编辑对书稿的认知呈现融会贯通之势，在此状态下，编辑受选择性注意的负面影响最小，更容易读出差错。选择性注意，存在于印前读样，也存在于成品书阅读过程。所以，印前读样是不能错过的最后灭错机会，可谓“成败一念”之举。

如果把一本书的编辑工作比作一场由筹划、策略、统战、外交等要素和数场小战役组成的会战，那么，印前读样则是会战将近尾声时清查隐匿、围剿残余、巩固战果的质保“肃清战”。这一过程是正面战场的补充，危险程度同样不低，书稿规模越大，越容易因为小问题以“堤溃蚁穴”之势功败垂成。印后察觉，补救的代价常十分巨大。所以，书稿无论种类，无论规模，印前读样都十分重要。

二、编辑如何进行印前读样

不同书稿的印前差错各有差别，原因多种多样，编辑需要做到冷静客观、目标明确、方法得当，才能有效提高印前读样的灭错率。

（一）客观对待，理性分析

印前差错是怎么产生的呢？为什么经过如此多关口仍会存在？编校人员的责任心或水平问题常被推上台面。这固然是一个在大多数情况下的根本影响因素，但不应该成为一种适于归咎的“通用解释”。追溯印前差错应精细化，即从稿件框架、部件构成与运作过程各环节来考察，寻求解决方法。

客观看待印前差错，是做好印前读样的心理基础。印前读样，责编可能会面临不小的心理压力：一方面希望能读出差错而脱险，另一方面又不希望读出差错而给自己“打脸”。可以说，印前读样也是对编辑心理素质的一种考验，切不可慌乱、苛责、自暴自弃，不可想当然觉得“怎么可能呢”，更不可粗放归咎、草率处理。

冷静的心态、客观的视角、专注的心思，是做好印前读样的心理要求。

（二）精确溯源，明确目标

常见的印前差错主要有两类，一类是内容和字词差错，另一类是版面差错。

1. 内容和字词差错

内容和字词差错是最基本的编校差错，在印前样中，内容差错和字词差错的成因又与审稿时的略有不同。

印前样的内容差错往往是编校的遗留差错，其类型仍有可能是知识差错、表述差错，甚至是政治性差错。究其成因，有可能是多重疏漏——作者写的时候缺乏疏证，编辑对内容不熟悉、粗心或缺乏敏感度，校对只注重了细节上的校改；也有可能是编校过程中主观臆断地修改错误；还有可能是作者、编辑、排版一改再改导致的错误或前后不一；等等。

而字词差错，除了编校疏漏外，还可能是因为编辑笔误、机改失误导致的，最常见的是倒字、多字、重字、缺字、词语残缺等。

在这里举两个案例：

在一本讲中国历史的书稿中，有“道衍俗名朱重八，投了起义军后改名朱元璋”句。道衍本名为姚广孝，是燕王朱棣夺权与治国的重要谋臣，靖难之役的主要策划者。朱元璋早年也为生计当过僧人，但作为明朝开国皇帝的他，与道衍并非一人。这一差错并不偏门，但对明史不了解还真会一掠而过，这时，质疑的感觉和查证的精神就非常重要了。

在一本讲广西文化的图书中，关于铜鼓的章节有“而许勺友所献的铜鼓……”句。“许勺友”应为“许芍友”，为道光年间的桂林知府。由于许芍友并非名人，所以这个差错不容易一眼看出。除可考察文前段后外，还可依据对古人起名的逻辑来质疑——“勺”为“芍”的同音误字，意即以花为友，再通过询问作者及史料疏证可得。

这两种书稿，都曾经过严格的三审三校，并经过外请专家审读，过手人数均超过7人，还存在这样的差错，怎能不让人心惊肉跳？不得不说，印前读样十分必要。

2. 版面差错

使用计算机软件设计排版，在当下已成为主流。所以，版面差错应被更多关注，其一旦出现，大多都是致命硬伤。

当下国内图书排版的主流软件，以方正书版和indesign应用最广。

方正书版是老牌的国产图书排版软件，文字排版能力强大而精细。其差错主要还是字体字号的统一性及文段修改出现切行、换页后的文本缺失等。在校对及印前读样时，这类差错都十分容易发现。

indesign出现稍晚，但问世后一经推广，就迅速成为图文读物设计排版的主流软件。其以框架操作为主、数据操作为辅，界面直观，操作简易，使设计表达更为自由、多样、精细。但框架操作容易带出版面差错，如版式构成元素过于精细复杂导致的断版、捅版、书眉错位、色差、元素消失，操作痕迹遗留导致的图文重影、冗余残留，行距修改而文本框未做相应变动导致的文本遗失，图像链接嵌入后底色不协，等等。使用indesign排版时，内容修改和文件检查需要格外细心，首尾要收拾干净，否则很容易给图书留下伤疤。如有条件，责编还应检查源文件，有时候能发现打印样稿上看不出的问题，毕竟打样、实印存在精度差，印前文件对此精度差的反映最直接。比如采取全页退底影印的古籍，就会因为退底时屏幕的亮度差别或加工、导入两个环节之间没有复检等，出现退去的底色存在痕迹残留的现象，这在源文件上非常容易发现。

这里要特别关注排版、印刷不在同一单位的书稿。这类书稿，有时会出现排、印单位的软件版本、系统环境或字体环境不同导致的乱码、字体缺失、元素混乱和捅版，甚至还会有整面或跨页缺漏的情况，这些情况还可能会像连锁反应一样带来新的问题。所以现在许多印刷厂都会要求由排版单位直接出pdf文件进行印刷。这种做法虽没有转接错误，但无法直接进行色彩的精细修改，如出现修改反复，还会有新增差错的风险。对于上述情况预判出现概率较高的书稿，笔者还是建议使用源文件印刷，转接承印厂后出pdf文件检查，工作量不小，但对保证成品质量是有好处的。

（三）印前读样法无定法，万变之中自有规律

尽管印前差错多种多样，成因也不尽相同，但却有一定的规律——延后性、系统性、违和感，如能采取合适的应对方法，则可以帮助我们提升发现、锁定和处理印前差错的效力。

1. 关口前移，做好前提

印前差错往往是由于创作、编校、设计排版的疏失产生的，故而有延后性。所以，印前读样不应作为前关口松懈的救命稻草，而应当是前关口工作的补充和完善。只有把好前关口的灭错率，真正做到关口前移，才能使印前读样察觉、抓捕“漏网之鱼”的本义落到实地。

印前读样，还应该做好差错成因的反思，以为编辑工作的改进提供参考信息。

2. 速读慢思，系统推进

图书的差错，往往是具有系统性的，所以见微知著，可采取积极而有针对性的剿灭对策。

第一，可抽样精读，速读铺开。印前读样固然要求一定的系统性和精细度，但并不意味着需要像编辑加工一样逐字逐句琢磨。可先利用抽样精读，对校稿质量进行评估，在抽样质量过关的前提下，集中精力采取词和意群为单位的方式速读慢思，速度控制在每分钟60~300字的幅度为宜，大脑则不断对书稿中的各个片段进行串联。这时候人十分容易进入接近“心流”状态，不但专注度高，而且利于拼接审稿和校样处理的全程记忆，达到对书稿内容融会贯通的状态，更容易发现差错。速读慢思对大脑有一定的负荷，强弱因人而异，可根据自身情况适当休息，也可以冥想，以良好状态持续进行。

第二，注重系统思维。不同图书的创作和编校千差万别，但人类的认知和理解规律是叙事行文及陈列图片的根本逻辑，具有共通性。绝大部分图书的内容和形式构成，都可以归结出“系统框架+信息块面+关系链”的网状系统。编辑在审稿加工时，就应注重系统思维的运用，利用这种网状系统建立印象结构，树立全局观，理清名词、表述、叙事等关键元素的信息块面及它们的关系链条，做好笔记或思维导图。这样，就可以明白修改的内容会对其他哪些内容产生影响，使得审校和印前读样更为全面，辨错也更容易，还能有效避免修改后出现全书不统一或前后矛盾的情况。

第三，重视审稿笔记。对编辑来说，审稿笔记十分重要。一份合格的审稿笔记，不但应包括图书问题的记录，还应包括对问题的梳理、归类、分析，包括解决方案及理由，应形成精简的系统性文字。这样的审稿笔记利于审稿加工的深化，对于印前读样来说则能提供辨疑的参考依据，碰到印象里已经处理而读起来仍似是而非的问题，都要参照审稿笔记寻找答案。

第四，建立差错模型库。编辑处理稿件的能力，需要依托日积月累的经验来提升，其中辨错和改错是核心基本功。各种业务教材、文章和日常工作的积累，是差错经验的主要来源，可以量化总结。我们可以择取其中的标志性字眼和修改案例，建立表格或索引，形成差错模型库（具体编校过程中，还可针对某本书建立专有模型库）。这一过程，一可提升编辑辨错改错的速率和准头；二可促进业务总结，提高辨错意识；三可提供、积累电子文件检索的基础样本。建立理性而科学的差错模型库，是系统思维的延伸，也是应对差错能力提升的有力手段。

3. 敏思善疑，相信直觉

在编辑的成长过程中，经年积累的知识储备及阅读改稿经验，往往能锻炼出强大精准的差错直觉。印前读样，除了需要理性系统的判别依据，还要相信自己的大脑对于错误的敏感度。如果有“似乎不对”的地方，切不可以“也许本来就如此”的心态从宽对待，应好好查证，在理据充足的情况下进行修改。

编校智能化探索已经有些年头了，强大的黑马校对无疑是标志性成果。但是，黑马校对的逻辑框架是基于差错模型库构建的，机械性较强，应对一般性的字词差错非常有效，但对统一性问题、文献差错和涉及方言、反语、学科知识、国际音标等的内容难以有效判别。也许在不久的将来，基于云共享语言库和差错模型库编写的智能编校系统会出现，会更加灵活、准确、全面，但这需要人工智能技术达到一定程度才能实现。在此前很长一段时间里，人脑还是超越一切计算机的存在，眼、手、大脑还是编校工作的基本倚仗，印前读样的实施主体依然只能是人。所以，编辑自身的思辨能力、差错意识、知识积累等基本功，是图书不留遗憾的最重要保障，黑马校对等智能软件工具都只能是辅助手段。

4. 评估关口，做好复盘

书稿经过完整的三审三校以后，应保证无政治性、政策性等错误（这是大前提），差错率应在万分之一以内（大约相当于16开的书7~12面之内有一个差错）。印前读样，应以此为基础标准，对审稿加工、校对、设计排版的质量做出基本评估和判断。前关口把控不好，印前读样还能有不合格的差错率，那么，编校工作是不合格的，是谁的责，是提醒还是追责，如何追责，都要心中有数，妥善处理。

据悉，有的出版社对各关口制定有严格的灭错标准，如：入校差错率要求在万分之五以内，三个校次结束后差错率要求分别为万分之三、万分之二、万分之一以内，而后由质检部做印前质检，再依据质检结果评估，不合格者向前追责。这种手段对书稿质量把控无疑是有力的，但部分体量不大的出版社会因人力、指标管理和书稿各种实际情况等很难实现。所以，无论印前质检管理如何，责编都要担起这个责任。

“人非圣贤孰能无过”，不应是对自己犯错后的宽慰，而应是犯错前的自我警醒。在实际编校工作里，印前读样容易因“书稿已三校”被忽视，所以，我们应该强调其重要性。书稿越厚，难度越大，越应当沉下心来。在一切确认无误、心里踏实以后，才放出付印。

参考文献

[1] 黎洪波，利来友.图书编辑校对实用手册：4版［M］.桂林：广西师范大学出版社，2016.

[2] 徐学军.印前抽检：图书质量的最后关口［J］.现代出版，2018（3）.

[3] 戴轶.图书印前质检的作用和制度建立［J］.新闻研究导刊，

2020（11）.
［4］王瑞，冯宝莹，黎明.选择性注意的发生机制及影响因素［J］.心理技术与应用，2017（9）.

（杜洪，广西民族出版社）

试说审稿时遇到的汉语名物化现象

白　煜

自《马氏文通》（1898年出版）和《新著国语文法》（1924年出版）等汉语语法研究的开创性著作问世后，汉语言学界一直流行着一种来自印欧语语法的观念——主宾语、谓语、定语、状语等句子成分和名词、动词、形容词、副词等实词词类之间存在一一对等的关系。直到1956年，张志公主持制定了《暂拟汉语教学语法系统》，首次提出了汉语名物化用法。从此之后，名物化用法就成为语言学界争论的热点。语言学界的专家和学者各有各的观点，直到现在还常常见到讨论名物化的论文。由此可见，名物化是一个存在争议的问题，但是又是客观存在的。

一、什么是名物化

在由语言学名词审定委员会编写的《语言学名词》（2011年商务印书馆出版）中，对“名物化”是这么定义的：“对主语、宾语位置上和受定语修饰的动词、形容词的语法性质的一种解释。认为出现在主语、宾语位置上和受定语修饰的动词、形容词已部分或全部失去动词、形容词的语法特点，而具备了名词的若干语法特点，其概念意义事物化了。”例如“爱戴”一词，在《现代汉语词典》（第7版）里标注为动词，但是举的例子却是这样的：“受到人民群众的爱戴。”“爱戴”是动词，在这个例子里却出现在了宾语的位置上，所以“爱戴”失去了动词的语法特点，具备了名词的语法特点，通俗的说法就是动词变成名词了。

值得注意的是一些词语，它们本身就具有动词和名词两种语法特点，所以它们不存在名物化的问题。例如“编辑”“编审”这两个词都具有动词和名词两种语法特点。尤其是“编辑”一词，在作为名词使用时“辑”可以读轻声，通过读音来分辨是作为动词还是作为名词。

二、名物化问题的争论

从20 世纪 50 年代以来，在现代汉语语法研究中就长期存在关于词类的争议。其中的一个问题就是出现在主语或宾语位置上的动词、形容词的性质是什么。自从张志公在1956年提出“名物化”这一术语后，语言学界就产生了激烈的争论。

1961年，朱德熙、卢甲文、马真在《北京大学学报》上发表《关于动词形容词“名物化”问题》，他们从语法语意和语法性质两个方面对名物化论进行了批驳。

1963年，高名凯、计永佑发表《从“动词形容词的名物化”问题说到汉语的词类问题》，对朱德熙的观点进行回应并反驳。

1986年，李宇明发表《所谓的“名物化”现象新解》，从“语法位”角度重新认识“名物化”现象。

1994年，胡裕树、范晓发表文章，从语义平面和句法平面两个角度区分了“名物化”和“名词化”，认为“名物化”是动词、形容词在语义平面上由“述谓”转化为表“名物或事物”，而“名词化”专指动词和形容词在句法层面上已经成为名词这一现象。

2001年，熊仲儒发表《零成分与汉语“名物化”问题》，从“零成分”方向考察了“名物化”现象。

2007年，沈家煊发表《汉语的名词和动词》，提出了“名动包含”理论，之后又发表了多篇文章证明其“名动包含”的合理性。

2010年，刘丹青发表《汉语是一种动词型语言——试说动词型语言和名词型语言的差异》，指出汉语是一种动词型语言。

其实，关于“动词形容词的名物化”的问题，“在包括结构主义、生成语法、语言类型学、认知语言学在内的多个范式的研究中都得到了充分讨论，但迄今未形成共识。这反映在词典编撰中的词类标注上。《现代汉语词典》（以下简称‘现汉’）从第 5 版（2005 年出版）开始，首次进行全面的词类标注，但在名词与动词划界、名词与形容词划界上还有不少问题”。

三、名物化是否是语法错误

广西师范大学2016年出版的《图书编辑校对实用手册》在举例说明典型的失误语法现象（语病）时，就举了动词作为名词的例子。

“5. 动词误作名词。例如：

①他由于顶不住压迫而丧失了原则。

‘压迫’是动词，应改为名词‘压力’。

②到底他肯不肯担负此责任，这还是一个怀疑。

‘怀疑’是动词，应改为名词‘疑问’。”

首先要明确的是例子中两个句子都是有语病的，但如果把语病归结为是“动词误作名词”，笔者认为欠妥当。因为《现代汉语词典》里的不少词目，标注是动词，在举例时却是作为名词。例如“表演”这个词在《现代汉语词典》里是这样注释的：

“【表演】biǎoyǎn 动 ①戏剧、舞蹈、杂技等演出；把情节或技艺表现出来：化装～｜～体操。②做示范性的动作：～新操作法。③比喻故意装出某种样子：骗子的～迷惑了不少人。”

“表演”这个词只是标注为动词，但是在义项③的配例里是作为名词成为句子的主语。在“骗子的表演迷惑了不少人”这个句子里，“骗子的”是定语，“表演”是主语，“迷惑”是谓语，“不少人”是宾语。

再来看看“压迫”这个词，在《现代汉语词典》中的词目如下：

“【压迫】yāpò 动 ①用权力或势力强制别人服从：～人｜反抗～。②对机体的某个部分加上压力：肿瘤～神经而引起疼痛。”

“压迫”标注为动词，在义项①的配例“反抗压迫”里是作为名词的。因为“反抗”是及物动词，后面接的词就是名词，所以“压迫”这个词在《现代汉语词典》里就出现了动词作为名词使用的情况。

根据苏矗的统计，《现代汉语词典》（第7版）配例中的名物化现象共分为两种情况：“一是动词或形容词作宾语并且前边还带有定语，此种情况共75例，其中，动词有69例，形容词有6例；二是动词或形容词作主语并且前边还带有定语，此种情况共13例，其中，动词有12例，形容词仅有1例。”

如果动词作为名词是语法错误，那么《现代汉语词典》里的配例就有不少错误了。因此，笔者认为动词作为名词不是语法错误，而是至今语言界还存在争论的名物化问题。“纵观各个专家对于能够进入名物化这一结构的谓词的研究，我们发现各个研究所得结果不尽相同。再者，权威语文词典《现代汉语词典》对这一现象也未能做到完全规避。可见，汉语名物化这一现象在语言实际运用中有着很大的存在价值。”笔者大胆猜想，《现代汉语词典》之所以在词目的配例中出现名物化现象，可能不是失误，而是有意为之。当某条词目只被归类为动词，但是在实际使用中又能作为名词时，《现代汉语词典》在选取配例的时候就故意选了名物化的例子，告知读者该词目虽然是动词，但是有名物化的现象。

笔者还发现《人民日报》里也常常有名物化的现象，例如：

（1）“生命的翠绿就在眼前。”（《人民日报》1994年3月14日）“翠绿”是形容词，在句子中名物化后作主语。

（2）“出版是人类在文明发展进程中最伟大的发明之一。”（《人民日报》1993年12月14日）“出版”是动词，在句子中名物化后作主语。

（3）“中华民族的振兴，急切地呼唤着教育事业的腾飞。”（《人民日报》1994年4月8日）“腾飞”是动词，在句子中名物化后作宾语。

（4）“但这也仅仅是猜测。”（《人民日报》2000年8月22日）“猜测”是动词，在句子中名物化后作宾语。

（5）“目前，你们的正业是学习。”（《人民日报》2000年2月10日）“学习”是动词，在句子中名物化后作宾语。

既然名物化问题不是语法错误，那么审稿时遇到了要怎么处理呢?

四、审稿时遇到名物化要如何处理

笔者认为，编校人员在加工书稿时遇到名物化问题不能简单地一刀切，不能直接就判定是语法错误，而是要根据整句甚至上下两句进行判断。一些有语法错误的句子，编校人员凭借语感能感觉出来，但是这个语法错误披着名物化的外衣，在与作者沟通时往往不能切中要害，说服作者。例如下面这个例子。

“处于逼迫和无奈”，这句话读起来就有些别扭。有人指出，因为“逼迫”“无奈”是动词，在句子中充当名词，这是动词误作名词的错误。也有人认为，“逼迫”“无奈”是动词，在这个句子中充当名词是名物化现象，不能算语法错误。其实，“处于逼迫和无奈”这句话的语法错误与名物化无关，错误的原因是动宾搭配不当。“处于”的宾语应该是位置或者地位一类的词语。“逼迫”在《现代汉语词典》里的注释是：“紧紧地催促；用压力促使。”“无奈”在《现代汉语词典》里的注释是：“无可奈何。”由此可知，“逼迫”“无奈”就算是名物化了，也不是表示位置或者地位，所以“处于逼迫和无奈”这句话是因为动宾搭配不当造成的语法错误。

再看看《图书编辑校对实用手册》中列举的“动词误作名词”的例子。“他由于顶不住压迫而丧失了原则。”笔者认为这句话的语法错误不是动词误作名词，而是动宾搭配不当。“顶”在《现代汉语词典》里有14条注释，作为名词有1条注释，作为动词有10条注释，作为介词有1条注释，作为量词有1条注释，作为副词有1条注释。“顶”在这个句子中是谓语，是动词，根据句子的意思应该选择第5条注释：“支撑；抵住。”所以“顶”的宾语应该是重量或者力量一类的词语。“压迫”在《现代汉语词典》里的注释：“①用权力或势力强制别人服从：～人｜反抗～。②对机体的某个部分加上压力：肿瘤～神经而引起疼痛。”注释①与重量或者力量无关，注释②是产生压力的行为，所以“压迫”这个词就算名物化后也跟重量或者力量无关，因此，“他由于顶不住压迫而丧失了原则”这句话中的“压迫”用错了，应该改为“压力”。

五、结语

1956年，张志公主持制定《暂拟汉语教学语法系统》，以“词汇·语法范畴”（词的意义和语法特点）为标准对词类进行划分，并且第一次提出了名物化的用法。但是，《暂拟汉语教学语法系统》的公布，不仅没有消除汉语词类划分标准的分歧，还因为名物化引发了语言学界关于“主语、宾语位置上的动词、形容词”的讨论。正是因为语言学界对于词类划分标准这个问题有各种各样的观点，所以名物化用法自提出后就成为争议的焦点，至今仍旧有不少关于名物化现象的论文发表。近年来，越来越多的语言学家肯定汉语名物化现象。例如，著名语言学家沈家煊说：“汉语的实词，不管是表示事物还是表示动作，天然地具有名词性。”

笔者认为张志公当年提出的名物化用法，非常好地考虑了“这本书的出版”等类现象的特点，也是有利于解释这类现象的。其实从20世纪50年代开始，多位语言学家参与名物化现象的研究，例如曹伯韩的“变位”概念，马庆株的功能异化概念，陆俭明关于“研究”类词的划定观点，朱德熙的“名动词、名形词”概念，以及陆丙甫、邢公畹等，他们都直接或间接地承认有“名物化”这种现象的存在。“可以将名动词和名形词在语用过程中的具体性质看成是动词或形容词的非核心性质，但应注意动词和形容词的核心性质和非核心性质是平等作用于该词类的两个部分。如果动词或形容词经常用作名词，那么这种词性必然会在未来的某一天固定化为动词或形容词的增补核心性质。”因为汉语的名物化现象与英语的动名词是相似的，所以在没有词形变化的汉语中，名物化现象就是一种客观的存在。

编校人员面对名物化问题时，首先要认同名物化现象的存在，不能简单地判定为语法错误，可以将名动词和名形词在语用过程中的具体性质看成是动词或形容词的非核心性质，根据短语或者句子判断名动词和名形词与前面的谓语是否搭配得当，仔细思考谓语的对象种类和范围。

（白煜，广西民族出版社）

参考文献

［1］语言学名词审定委员会. 语言学名词［M］.北京：商务印书馆，2011.
［2］高航. 现代汉语回指构式中单音节动词的名词化：认知语法视角［J］.外国语，2019，42（5）.
［3］黎洪波，利来友.图书编辑校对实用手册：4版［M］.桂林：

广西师范大学出版社，2016.
［4］中国社会科学院语言研究所词典编辑室.现代汉语词典：7版［M］.北京：商务印书馆，2016.
［5］苏矗.汉语名物化现象再认识［D］.新乡：河南师范大学，2019.
［6］沈家煊."名动词"的反思：问题和对策［J］.世界汉语教学，2012（9）.
［7］李慧.从《语法答问》看汉语名词化［J］.甘肃广播电视大学学报，2019，29（6）.

浅论壮文翻译“官方”与“民间”的良性对话

翟芳婷

笔者从事壮文翻译和壮文图书校对工作几年，发现了一些现象。不管是文学作品还是科普读物、政治类图书，书中的很多语句基本上都是“完全不顾一切地音译”，硬生生被音译过来的。如“他说二哥已经回老家了”，有人翻译成“Dah gyangj wzgoh yijgingh veiz laujgyah lo”；“图书”，有人翻译成“duzsuh”；“党的建设工作办公室”，有人翻译成“Dangj dih gensez gunghcoz bangunghsiz”。这些译文，只看不读时不觉得有什么问题，但若边看边读，问题就大了，这完全是西南官话，跟壮语基本不沾边。有些甚至出现了汉壮乱搭的情况，如把“邕州老剧”翻译成“Yunghcouh heiqgaeuq”。若不是旁边配有汉文，讲壮话会壮语的人极有可能会认为此话汉语意思是“邕州气旧”“邕州戏旧”或者是并列句式的“邕州·旧戏”“邕州·旧气”，又有几个人会知道“Yunghcouh heiqgaeuq”就是有从属关系的“邕州老剧”呢？这种完全音译和汉壮乱搭的译法让真正讲壮话、学壮文、会壮语、热爱壮文的人们痛心疾首，甚至还会伤害到壮族人民的感情。鉴于此，笔者根据自己的母语优势和工作实践，认为要把汉语作品翻译成好的壮文图书，应遵循以下几个原则：

一、精读原文，彻底弄清其中的专业术语和专业知识难点

作品翻译的难点之一，就是作品中的专业术语和专业知识难以理解。所翻译的汉语作品类型很多，内容从政治、经济到文化等方面无所不包。不同类型的作品，往往会出现许多相应的专业术语及专业知识，如理论名、会议名、疾病名、动植物名等等。如此多的专业术语和专业知识，一般情况下译者不可能完全具备并理解，有些译者甚至根本不知道其为何物。在这种情况下，我们必须彻底弄清其中的意思，不能望文生义。一旦望文生义，理解错误，翻译出来的东西就会轻则令读者莫名其妙，贻笑大方，重则误导读者的观念和行为，甚至危及人畜的生命安全。

例如，有这样的句子：“奶奶最近身体不舒服，她的手脚都出现了水肿，肯定难受得要命。我听说车前草（又称“车轮草”）可以治水肿，正好附近的树林里就有很多，我们去采来试试吧？”要把它翻译成壮文，我们首先要仔细阅读它。如果译者没见过车前草，没有查阅资料，也没有仔细揣摩整个句子，就很有可能望文生义将“车前草”译成“gorum doiqnaj ci”或“goloekci”；也可能将句子中的“我们”翻译成“dou”。但如果仔细阅读，认真核对资料，我们就会发现，“车前草”这种植物在壮语里应该是“godaezmax”，而不是“gorum doiqnaj ci”或“goloekci”；壮语里的“我们”有“raeuz”和“dou”之分，“raeuz”总称己方和对方，与汉语的“咱们”对应，而“dou”则指包括说话人在内的若干人，范围要比“raeuz”小。仔细阅读，认真查询，可知这两句话的正确翻译是：“Daxbuz mboengqneix aenndang youq mbouj baenz，aen ga aen mwz de duj baenz foeg liux，haengjdingh youq hoj lai lo. Gou dingq naeuz godaezmax yw ndaej foeg，ngamjhab ndaw ndoengfaex henzgyawj miz haujlai，raeuz bae aeu ma sawqsawq？”反之，如果要把这句壮文译成汉文，不经过仔细揣摩就按字面意思去翻译，也极有可能将

“godaezmax”翻译成“马蹄草”。然而马蹄草和车前草并不是同一种植物。

很显然，精读原文对保障翻译作品的质量至关重要。

二、坚持壮语固有词和基本词的使用，尊重壮语的表达习惯，壮文书面语要尽量做到符合壮语语法

坚持壮语固有词和基本词的使用，尊重壮语的表达习惯，壮文书面语要尽量做到符合壮语语法。在进行壮文翻译和壮语文图书编辑校对工作时，应尊重壮语语言实际，尊重壮族群众的表达方式，尊重壮语历史。我们的译文、壮文书面语，不是译者、作者说了算，而应是真正讲壮语的群众说了算。翻译出来的作品，如果受众看不懂，那就没有存在的意义。

例如下面的句子：“从前，这个地方很穷。”译者一般会翻译成“Doenghbaez，dieg neix gig gungz.”此译文确实没有问题，但是“dieg”与“gungz”（两者都为汉借词）即“地方”与“穷”都有与之相对应的民族词，分别是“mwnq”和“hoj”（ndoq）。如此，这个句子如果翻译成“Doenghbaez，mwnq neix hoj（ndoq）lai.”会显得更有民族语的味道。再如前文所说的“Yunghcouh heiqgaeuq”，笔者之所以说如果不配有汉文的话不会有几个人知道它说的是“邕州老剧”，是因为它不符合壮语语法。按照壮语的语法，中心语应置于修饰语的前面，即“老剧”应放在“邕州”的前面。所以该句子的正确译文应为“Heiqgeq Yunghcouh”，或可以直接音译为“Yunghcouh laujgi”。

每种语言都有自己的独特之处，有些语言词语的生动传神是另一种语言无法表达出来的。笔者在壮文图书编校工作中经常遇到翻译者或者编校人员将汉语“畜生”这一骂人的词语翻译成“cukseng”情况。但“cukseng”只是个汉语音译词，若用其去

骂一个只听得懂壮话的“畜生”，只会让他觉得无关痛痒。笔者认为，壮语骂人的词语“marin”（壮语固有词）比之“cukseng”更适合作为汉语“畜生”的壮语译文。“ma”即“狗”，“rin”即“石头”。用石头做成的狗是没有感情的东西，无论人们怎么骂它，它都无动于衷，不知羞耻，说明它真是可恶到了极点。

坚持壮语固有词和基本词的使用，尊重壮语的表达习惯，才能保持壮语本身的趣味性、民族性，使之说来生动传神。我们提倡使用本民族语言和文字创作出丰富多彩的、优秀的作品，反应本民族人民在不同历史时期的生产、生活、思想、情感和愿望，这对壮语的保持和保护民族文化进而增强民族文化自信有着极其重要的作用。

三、不好意译的，应考虑音译和意译相结合，多种方法兼用，语法这个“魂”不能丢

政治用语，如政府机关、企事业单位名称等基本都带有行政级别内容，不好译。有的单位，其名称中的一些词壮语没有与之相对应的，我们不妨选用音译的方法，如“党”和“国务院”，壮语没有与之相对应的词语，所以可以直接音译为“dangj”和“gozvuyen”。但语法这个“魂”不能丢，如上文所说的“党的建设工作办公室”不应翻译为“Aen dangj gensez gunghcoz bangunghsiz”。“Aen dangj gensez gunghcoz bangunghsiz”是一个并列句，它的汉文意思是“党建设工作办公室”，即“党”“建设工作”“办公室”的并列。而“党的建设工作办公室”与之相比虽然只多了一个“的”字，但意思却大不相同，“的”字让该句子有了领属关系。既然表示领属关系，那么按照壮语的语法（即中心语放在修饰语之前），“党的建设工作办公室”就该翻译成“Aen bangunghsiz gij hong gensez aen dangj”，如此才能表示领属关系。翻译词语、句子时，如果壮语

中有相对应的说法，建议用壮语的说法。如上文的“工作”，笔者建议翻译为“hong”。当然，译成“gunghcoz”也没有问题，但“gunghcoz”是汉借词，“hong”是民族固有词，它在壮族地区还普遍使用着，我们应延续使用。但在实际中，译者和编校人员在工作中很难做到只音译或者只意译。如此，我们不妨试着用音译与意译相结合的方法来提高译文的质量。上文的“Aen bangunghsiz gij hong gensez aen dangj”便使用了音译与意译相结合的方法。

音译与意译相结合翻译出来的虽然不能算非常纯正的壮语，但其语法与部分词语至少遵循了本民族的语言规律，不至于让读者觉得所翻译出来的语言是西南官话而不是壮语。

四、认真复核校正，确保译文的忠实、通顺、完美

大致工作结束之后，译者、编校人员应对翻译作品的译文与原文从头到尾做一次认真的对照复核，及时修正译文中存在的错译、漏译、标点符号不正确、体例格式不当以及其他细节上的问题，以确保译文内容形式的忠实、通顺、完美。认真复核校正是保证翻译图书质量的一个重要环节，我们不可忽略，更不应有依赖思想，认为后面还有总编辑审稿把关就可以掉以轻心。

总之，笔者认为要提高壮汉翻译图书的质量，应从以下几方面下工夫：一、自觉多阅读与各个领域有关的优秀图书，这样既能学习别人的优秀编校方法，提高编校能力，还可以有效开阔自己的视野，增加知识量；二、多阅读优秀的翻译作品，多尝试进行自我训练，以强化自己对复杂作品的理解和表达能力；三、加强学习与翻译、编校有关的理论与技巧，多多学习别人的有益经验，用于指导自己的翻译、编校工作；四、虚心向同行学习，不分年龄，三人行，必有我师；五、深入基层，向壮族地区的群众学习鲜活的语言，提高自己的壮语表达能力。如果这些功夫都练好了，我相信壮

汉翻译作品的质量一定会大大提高。

（翟芳婷，广西民族出版社）

参考文献

[1] 苏加快.谈科普作品的壮文翻译[J].民族翻译，2011（3）.
[2] 壮文翻译“官方”与“民间”的良性对话[N].广西民族报，2013-09-13.

传统书籍形态和视觉元素在书籍设计中的应用

何世春

在对书籍进行装帧设计的过程中，其性质和形式不仅能够将书籍的文化性充分体现出来，也能够将其中的艺术性体现出来，以此实现书籍的整体价值。同时，书籍装帧设计也给社会及人类带来极大的便利，大大推动了信息的传达，实现了对社会及人类思想沟通和交流的刺激，并形成了一种独特的世界艺术及文化。因此，为了能够更好地推动我国软实力发展，就需要相关设计人员能够重视书籍装帧设计的重要性，注重传统书籍形态和视觉元素在书籍设计中的应用。基于此，本文从我国书籍装帧设计的发展历程着手，对传统书籍形态和视觉元素在书籍设计中的应用进行简单探索，希望可以为相关设计人员更好地进行书籍装帧设计提供一定帮助。

书籍装帧设计已有上百年的发展历史，并且在随着时代的变化而发生变化，其肩负的使命也发生了一定改变。相关设计人员应该明确书籍装帧在其中的价值，应该将其中所特有的性质充分体现出来，通过其独特的使用价值和艺术价值，推动民族精神和文化的传播，确保其鲜明的时代性和民族特征能够发扬光大。

一、我国书籍装帧设计的发展历程

在对传统书籍形态和视觉元素在书籍设计中的应用进行探索之前，首先需要相关设计人员能够对我国书籍装帧设计的发展历程有一个清晰认识，要知道不同时期的书籍装帧的设计概念及形式不同，以此明确其中所呈现出的特性，进而确保传统书籍形态和视觉元素能够在书籍设计中得到有效应用。

在进行书籍装帧设计的过程中，不同历史时期所用形式、材料以及设计的概念都存在差异，都具有其时代特性。从世界装帧设计工艺的发展历程来看，其一共经历了三个过程，即原始、古代和现代[1]。

在最初的原始时期，书写材料主要取自天然材料，以甲骨文为主；到了古代，书籍装帧材料发生了大变革，出现了卷轴装、旋风装、经折装、蝴蝶装、包背装、线装等多种装帧形式；随着时代的不断变化，到了新文化运动之后，我国的装帧设计形式逐步进入到现代化时期，出现了平装、精装等形式；到现如今，书籍印刷装订技术越来越先进，其设计也多姿多彩。但是，从其装帧设计情况来看，整体的民族性却越来越缺乏，已经逐步被国际特征所替代。虽然国际性书籍装帧设计在信息传递等方面十分便利，但是却少了其本质特色，其真正价值被掩埋。因此，也就需要相关设计人员能够重拾其民族性，注重民族化、传统精神，以此打造出一个既有自身特色，又不缺时代特征的书籍装帧设计，进而确保阅读者在阅读书籍的过程中感受到民族文化和精神，大大提升人们的民族荣誉感[2]。

二、传统书籍形态和视觉元素在书籍设计中的应用

在对传统书籍形态和视觉元素在书籍设计中的应用进行研究时，本文选用了2020年度中国“最美的书”之一——《植物先生：二十四节气植物研学课》。该书采用了传统线装装订形式和手

工纸，不论是书籍的颜值还是内容，都让人想拥有、珍藏。

《植物先生：二十四节气植物研学课》将二十四种植物融入传承千年的手工纸制作当中，把纸质载体本身独有的特性发挥出来，充分展现了书籍之美，并由书籍将植物之美传递出来。关于传统书籍形态和视觉元素在该书设计中的应用，具体如下：

（一）传统书籍形态在书籍装帧设计中的应用

在进行书籍装帧设计的过程中，设计人员要在实际设计过程中结合本书内容合理应用传统书籍形态，要注重外在形式美与书籍自身的内在美，促使二者相融合，以此设计出更好的书籍装帧作品。

例如，设计人员在对《植物先生：二十四节气植物研学课》这一书籍进行装帧设计时，就将传统书籍形态在书籍装帧设计中进行了充分应用[2]。通过对过去传统书籍装帧情况进行分析可知，设计人员多局限于对封面的设计。不过随着我国经济文化事业的不断发展，越来越多的精品书籍被推出，也就要求设计人员对书籍的装帧设计能够更精美一些，同时还要注重书籍整体性的设计。而《植物先生：二十四节气植物研学课》这一书籍的装帧设计成功之处就在于，其在整体设计中既满足了现代书籍装帧设计要求，又对传统书籍形态进行了充分利用，使得其价值得到充分呈现。

在对《植物先生：二十四节气植物研学课》进行设计的过程中，为了将“植物”与书籍融合，设计者决定将其做成精品，对其进行了整体设计，其中就包括对传统书籍形式的应用，采用了传统的古线装装订形式，所采用传统古线装的装订方式全由工人手工完成，同时也是全手工配页。细品此书：全手工装订，三孔古线装，纯天然麻绳，书口三方磨毛边，自然纹理，形神统一，在传统书籍形式中，又不失现代书籍形式的灵动[3]。

（二）传统视觉元素在书籍装帧设计中的应用

在进行书籍装帧设计的过程中，书籍封面的设计十分重要，它不但是书籍的“保护伞”，同时也是将书籍主要内容传递出去的关键环节，其设计成功与否与书籍价值能否充分呈现具有直接关联。因此，在对书籍封面进行设计的过程中，就要想着如何能够抓住阅读者的眼球，让其“一眼定情”，也就是要对传统视觉元素进行充分应用[4]。

在中医学中有“望面”的诊断方法，通过面部即可看到人体内各脏器的运行情况。而封面亦如此，通过将各种要素进行完美融合，以视觉的形式将书籍的关键信息传递出去。

例如，设计人员在对《植物先生：二十四节气植物研学课》这一书籍进行装帧设计时，就将视觉元素在书籍装帧设计中进行了充分的应用，让人在翻开书的那一刻，如翻开了一座纸上的植物园。设计人员对书籍中的图文节奏进行了充分把握，抒情委婉地缓缓道来，使得书籍的空间使用恰到好处，阅读疏朗。在进行书籍设计的过程中，设计人员在每一张插图页前都精心加入了一张手抄纸，使得书页与其所述植物图像气息相连。另外，书籍中的印刷图形和文字也由半透明的纸张遮盖，给人一种朦胧的诱惑感，这是一种视觉上的冲击，透过翻折，植物的图像隐隐出现，读者既能够感受到主题图形的魅力，在满足视觉美感的同时也增添了阅读趣味，使得书籍主题的表现力充分凸显。

总而言之，《植物先生：二十四节气植物研学课》在整体设计上继承了传统书籍形式，将典雅、舒适等特色充分呈现了出来，让人能够从中感受到浓郁的中华传统文化特色和风韵，同时又在其基础上进行了创新，通过视觉元素将其传统韵味传递出来，能够确保与书的内容达到有机呼应与统一，可谓别具一格、令人赞赏[5]。

综上可知，要想将我国书籍装帧设计的民族性充分呈现出来，更好地屹立在世界书林之中，就一定要对我国独特的民族文化和精神进行有效传承。同时，也不能一味地“闭门造车”，还应该对西方先进技术进行合理借鉴，要在原本民族特色基础上进行创新，进而使得我国的书籍装帧设计更加独具特色，朝着民族化、世界化大步前进。

（何世春，广西民族出版社）

参考文献

［1］韩晓鸣.传统文化元素和现代书籍形态在书籍装帧设计中的结合与应用［J］.天津职业院校联合学报，2020，22（10）：114–117.
［2］张怡然.中国当代书籍装帧设计的民族性表达研究［J］.艺术品鉴，2020（23）：72–73.
［3］王军，陈思宇，潘荣，等.刨切薄竹在书籍装帧设计中的美学特征与设计创新［J］.包装工程，2021（2）：1–10.
［4］凌生华.中国元素在我的书籍装帧设计中的应用［J］.文艺生活（艺术中国），2019（8）：139–140.
［5］吴悦.民族类书籍装帧中设计元素的传承：以广西地域民族元素为例［J］.美术教育研究，2019（4）：48–49.

可视化视角下
四类畅销图书封面颜色特征对比研究

梁书晓

阅读是人类汲取知识、提升自我的重要途径。随着网络时代的到来，文化传播形式发生了一系列变革，但书籍依然是知识传播的主流媒介。畅销书一词最早来源于美国，它是指在一个时代，或一个时间段内非常受欢迎的书。[1]畅销书最鲜明地反映了图书市场的变化，同时也昭示着图书市场的走向。[2]无论何时，图书内容无疑是图书评价的首要因素。但随着网络消费和浅阅读比例加重，图书封面作为读者对图书的第一印象，日益成为影响图书消费的重要因素，有实验表明，图书封面设计对其经济效益的影响可达20%。[3][4]

图书封面在客观上也可看作彩色图像，而对图像来说，颜色无疑是其重要视觉内容。[5]颜色是一个心理物理量，目前计算机图像颜色处理中常用的HSV颜色空间，即颜色的心理物理学模型，是一种适合肉眼分辨的模型，将颜色信息表示为色调（Hue）、饱和度（Saturation）和亮度（Value）三个属性值，对图像的认识与理解起着十分重要的作用。[6][7]研究表明，颜色影响人的情感和选择偏好，其中色调的影响相对于饱和度和亮度更为明显。[8]可视化技术利用计算机将大量抽象数据转换为屏幕图形图像，有效融合计算机和人类的不同优势，交互分析有关数据特征，以解决数据过载和决策复杂性问题。[9]对于畅销图书封面图像的颜色研究，可基于HSV颜色空间模型计算其属性数据，利用可视化技术探究其有关特征。[10]

鉴于当当网图书频道已成为目前全球最大的中文图书网上书店[11]，其发布的图书畅销榜数据全面，封面图像易得，本文以当当网2020年图书畅销榜中民族文化、政治军事、中考和童书四类图书的畅销榜单前100名的封面图像为研究对象，基于HSV颜色空间模型计算其色调、饱和度和亮度，利用可视化技术探究其颜色特征模式，以期提高图书封面设计质量并对当下有关研究和从业者有所助益。

一、研究方法

（一）图像采集

2021年5月9日，论文作者利用当当网2020年图书畅销榜收集了四类图书的畅销榜单前100名的封面图像，具体为民族文化（文化类子类）、政治军事、中考（中小学教辅类子类）和童书。表1为以上四类畅销图书的封面图像分类、数量及代码。鉴于图书封面图像大多有四周留白，为了提高分析结果的准确性，在图像下载至计算机后，又利用画图软件进行了人工裁切，仅保留其图书封面部分。

表1　图像分类、数量及代码

代码	图书畅销榜分类	所属大类	数量
A	民族文化	文化	top100
B	政治军事	—	top100
C	中考	中小学教辅	top100
D	童书	—	top100

（二）数据计算

将收集到的四类畅销图书封面图像按各自分类分别存放入4个文件夹。在Python程序中对每一张图像依次利用“cv2.cvtColor（）”方法计算封面图像的色调（H）、饱和度（S）和亮度（V）矩阵数据，再利用“numpy.mean（）”方法分别计算各矩阵数据均值代表每张图像的最终H、S、V值。其中，色调（H）为色彩对某一主要颜色的偏向，其取值范围在0~360°之间，分别为黄（30°~90°）、绿（90°~150°）、青（150°~210°）、蓝（210°~270°）、洋红（270°~330°）、红（0°~30°）；饱和度（S）是色彩的深浅程度，取值范围在0~255之间，从0到255深浅程度依次加深；亮度（V）是色彩的明暗程度，取值范围在0~255之间，从0到255亮度依次增加，0代表纯黑，255代表纯白。[7][12]表2为四类畅销图书封面图像HSV值分布范围及总均值。

表2　图像HSV值分布范围及总均值

代码	分类	色调（H）		饱和度（S）		亮度（V）	
		分布范围	总均值	分布范围	总均值	分布范围	总均值
A	民族文化	0~305.46	76.10	0~215.60	52.91	54.48~248.35	195.01
B	政治军事	16.92~303.00	105.43	2.51~244.23	91.10	26.36~252.92	186.63
C	中考	33.27~324.17	109.09	6.72~233.68	147.42	99.73~248.18	203.37
D	童书	38.36~309.98	112.61	12.87~232.78	113.04	70.06~239.64	193.63

（三）可视化处理

在Python程序中，利用“matplotlib.pyplot”绘图函数库，将四类封面图像色调值作为Y轴坐标依次投影于一张深色空白底图之上，形成图1-H，同样按饱和度投影为图1-S，按亮度投影为图1-V，并最终合并为图1，即为4类封面图像HSV值分类分布图；将民族文化类图书封面图像色调-亮度、饱和度-亮度、色调-饱和度值作为X-Y轴坐标依次投影于深色空白底图之上，分别形成图

A1、A2、A3，同样政治军事类投影为图B1、B2、B3，中考类投影为图C1、C2、C3，童书类投影为图D1、D2、D3，并最终合并成图2，即为四类封面图像HSV值二元对比图。

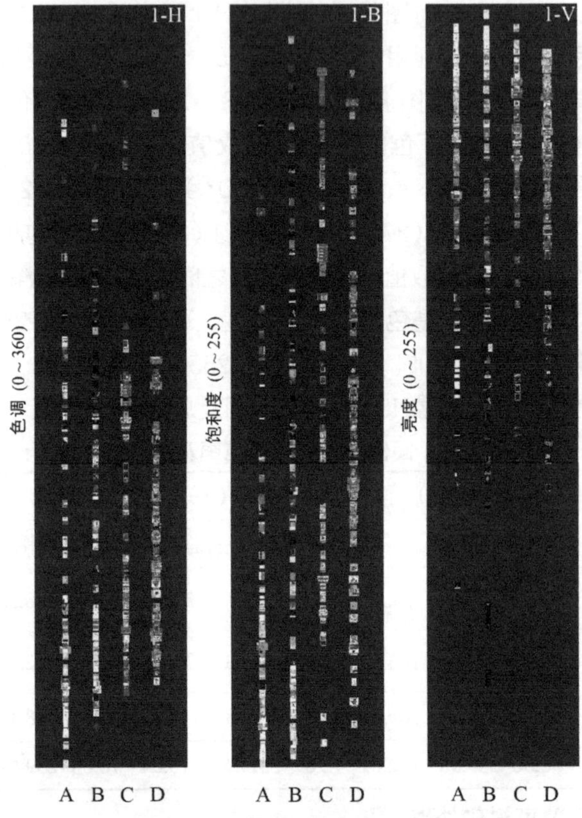

图1　HSV值分类分布图

1-H为色调值分布图，1-B为饱和度值分布图，1-V为亮度值分布图；A代表民族文化类，B代表政治军事类，C代表中考类，D代表童书类。

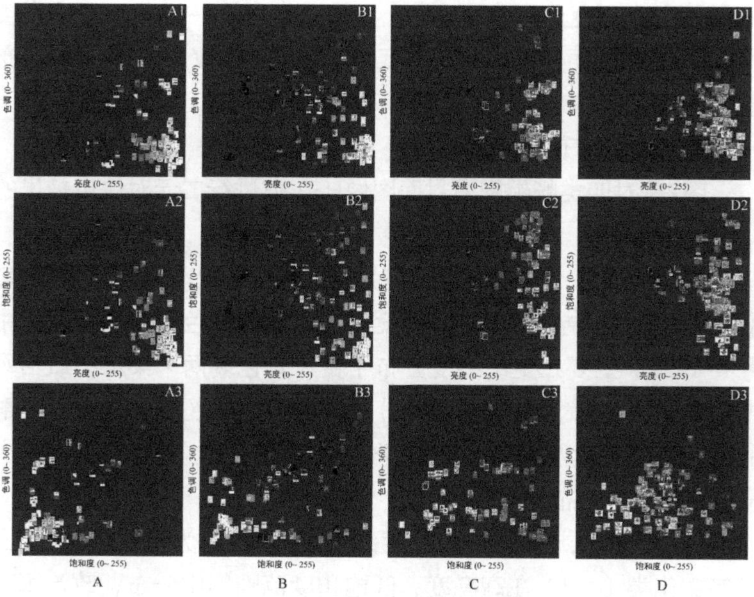

图2　HSV值二元对比图

A代表民族文化类，B代表政治军事类，C代表中考类，D代表童书类。

二、结果分析

（一）HSV值分类分布特征

图1对于四类畅销图书封面图像作出3幅可视化处理输出，其中1-H为色调值分类分布情况，1-S为饱和度值分类分布情况，1-V为亮度值分类分布情况。因所有图书封面按HSV值大小呈现于一张图中，故有利于识别其数据分布模式。如童书类（1-H-D）和中考类（1-H-C）色调主要分布于黄、绿、青色较窄范围，而民族文化类（1-H-A）和政治军事类（1-H-B）色调分布范围相对分散。民族文化类（1-B-A）主要分布于低饱和度浅色区域，政治军事类（1-B-B）饱和度分布范围较为均匀，而中考类（1-B-C）饱和度偏高，童书类（1-B-D）饱和度偏中高。政治军事类

（1-V-B）亮度分布范围较宽，民族文化类（1-V-A）和童书类（1-V-D）主要分布于中高亮度，中考类（1-V-C）更集中分布于高亮度范围。

（二）HSV值二元对比特征

图2是对四类畅销图书封面图像HSV值进行二元对比后输出的12幅可视化图像。

图A1、B1、C1、D1以亮度为X轴、色调为Y轴，可以看出童书类（D1）集中分布于中高亮度及黄、绿、青色调较窄范围；中考类（C1）主要在更高亮度分布于黄、青色调两个集群；政治军事类（B1）在较大范围内广泛分布，明显存在超高亮度黄色集群的同时，低亮度范围内也有较多分布；民族文化类（A1）在高亮度黄色集群的分布则更为明显。

图A2、B2、C2、D2以亮度为X轴、饱和度为Y轴，可以看出民族文化类（A2）在高亮度、低饱和度范围集中分布，政治军事类（B2）饱和度分布范围较为均匀，中考类（C2）在高亮度范围呈现中、高饱和度两极分布，童书类（D2）在中高亮度主要集中于中饱和度。

图A3、B3、C3、D3以饱和度为X轴、色调为Y轴，可以看出民族文化类（A3）在低饱和度黄、红色调集中分布，政治军事类（B2）呈现黄色调低饱和度、红色调高饱和度两极分布，中考类（C2）在中高饱和度范围内分别呈黄色、青色分布，童书类（D3）主要在中饱和度内集中分布于黄色、绿色和青色范围。

三、有关讨论

（一）HSV特征差异的色彩心理学解释

以上研究表明，不同种类畅销图书封面图像的颜色特征，无论在色调、饱和度还是亮度方面，均存在显著差异。这与这四类图书的读者对象自然属性和社会属性有密切关系。

根据色彩心理学研究，人类对颜色的偏好从幼儿时期就已开始，且具有一定规律性，如儿童相对于成人更喜欢绿色而不是红色，低龄儿童中柠檬黄色比较受欢迎。[13]这可以从一定程度上解释儿童类图书畅销榜单前100名的封面图像（图1-H-D）基本无红色调，而主要集中分布于黄、绿和青色调。而政治军事类（图1-H-B）有明显的红色调。

低饱和度可以产生淡雅、沉静的效果，50岁以上老人相对于青年人更喜欢浅色、白色[13]，可以解释民族文化类（图2-A）相对于政治军事类（图2-B）主要分布于黄红色调、低饱和度和高亮度范围的现象。

（二）本次研究的特点、局限性和展望

本次研究利用计算机数据处理和图像绘图的强大优势，从可视化角度拓展了图书封面设计研究思路，因研究样本数据量的增加和人机交互的引入，可能在后续复杂问题解决和新问题发现等方面有所推动。本次研究采用的封面图像为网络途径获取，在清晰度等图像质量方面尚有所欠缺，若采用直接扫描图书封面的方式获取图像，并增加图书研究种类和数量，可能会有进一步的发现。此外，因研究对象仅为图像，故研究方向亦可进一步拓宽，如应用于影视、绘画等图像素材的颜色特征研究。

四、结语

本文利用可视化方法探究了四类畅销图书封面图像的HSV颜色空间数据特征，定量化、形象化地展示了其数据的分布模式，并引入色彩心理学尝试对其颜色分布特点进行原因探讨，有关思路和结果可能会对研究和从业者有所启迪。此外，研究对象和研究准确性还可在现有工作基础上进一步拓展和提高。

（梁书晓，广西民族出版社）

参考文献

[1] 刘阳. 2017年网络畅销儿童图书排行榜分析[J]. 科技文献信息管理，2019（1）：18−21，51.

[2] 刘拥军. 从畅销书排行榜看市场走势：2000年统计分析[J]. 出版广角，2001（4）：41−46.

[3] 樊竹筱，甄慧霞. 基于读者认知体验的图书封面设计研究：以2019年度“最美的书”为例[J]. 出版广角，2020（3）：66−68.

[4] 王丽佳.书籍封面设计的视觉心理研究[J]. 美术大观，2007（5）：104−105.

[5] 黄元元，徐蔚鸿，杨静宇. 一种基于主色调匹配的图像检索方法[J]. 计算机应用研究，2003（1）：102−103，118.

[6] 马玲，张晓辉. HSV颜色空间的饱和度与明度关系模型[J]. 计算机辅助设计与图形学学报，2014，26（8）：1272−1278.

[7] 田玉敏，林高全. 基于颜色特征的彩色图像检索方法[J]. 西安电子科技大学学报（自然科学版），2002，29（1）：43−46.

[8] Rui Gong，Qing Wang，Yan Hai，et al. Investigation on Factors to Influence Color Emotion and Color Preference Responses [J]. *Optik*，2017（136）：71−78.

[9] 胡立如，陈高伟. 可视化学习分析：审视可视化技术的作用和价值[J]. 开放教育研究，2020，26（2）：63−74.

[10] Wooseob Jeong，Hyejung Han. Media Visualization of Book Cover Images：Exploring Differences Among Bestsellers in Different Countries [J]. *Proceedings of the Association for Information Science and Technology*，2015，52（1）：1−4.

[11] 赵蓓红. 基于网上书店畅销榜童书市场分析[J]. 编辑学刊，2019（01）：18−24.

[12] Hsien Jung-Chieh，Liou Yi-Sheng，Chen Shu-Yuan. Road Sign Detection and Recognition Using Hidden Markov Model [J]. *Asian Journal of Health & Information*，2006，1 (1)：85-100.

[13] 滝本孝雄，藤沢英昭. 色彩心理学 [M]. 北京：科学技术文献出版社，1989.

美术色彩图书市场分析

李巧灵

色彩图书在美术图书市场中占据一定比重，具有较大的成长空间和发展潜力。成功的色彩图书的选题不仅能迅速抓住现实的市场需求，及时推出产品，更重要的是能够把潜在的市场需求变成现实的需求，先于他人推出独特的、崭新的产品，从容地取得市场份额，创下经济效益与社会效益双赢的局面。具有新颖的选题策划、广泛的名家影响、鲜明的编辑风格以及合理的读者定位的色彩图书，市场的“绿色通道”永远向其敞开；反之，则在市场的激烈竞争中落于下风，难逃遭淘汰的命运。

近日，笔者深入南宁书城，通过数据分析、记录、观察、访问及个别交流等方式，调查美术色彩图书的市场状况，从读者、编辑、市场三个角度入手，分析色彩图书畅销、滞销的原因，总结色彩图书市场的发展规律。以下是南宁书城美术色彩图书市场中的几个典型案例。

南宁书城美术色彩图书的数据统计：

南宁书城的美术色彩类上架图书有96种，分别来自全国各地31家出版社。根据内容，可将其分为高考类、技法类、少儿类、个人画集四部分。

表1 南宁书城美术色彩图书数据统计

类别名称	数量/种	占色彩类图书总数的比重（%）
高考	38	39.58
技法	52	54.17
少儿	4	4.17
个人画集	2	2.08

一、选题策划是出版物的生命线

选题是出版的支点。它在《出版词典》（上海辞书出版社1992年出版）中的解释为："一本书或一套书的主题思想、主要内容和书名的总体设计。亦指出版社为准备编辑出版的图书或杂志文章所预先拟定的题目及内容要点。"选题策划是一种高智能的创造性劳动，是一个知识创新的过程，是知识和信息的分合、相交、增减、变革的过程。一个经过精心策划的高水准、高质量的选题，必然包容着最新的知识、信息，或者用全新的理念诠释的知识和文化，并赋予其新的生命力。在图书市场上常销不败的美术色彩图书，无一例外地拥有新颖独特的选题，最大限度地贴近市场需求。

以吉林美术出版社出版的名家范本挂图系列为例，该系列中的《色彩阶梯教室挂图·水粉静物基础篇》成功地运用了选题的创新思维，以挂图形式出版，图书的边缘中心留有小孔，方便使用者挂在黑板或画板上学习、临摹，贴近市场需求，首印发行6000册，市场反应良好。该书的成功之处在于：以挂图形式出版，具有创新的选题，实现了对已有同类选题的超越，在视觉上给读者带来全新的体验；遵循了为读者服务原则，立足于读者临摹的切身需要，解决了读者将范画挂在黑板或画板上的难题，获得了较大的出版价值。

二、利用名家效应打造畅销书局面

一般而言，名家作品的质量往往高于无名者，具有自身的读者群和一定的影响力，名家的出版物能以他独特的个性、鲜明的时代性、富有魅力的表现力为大多数读者所喜爱，较全面而充分地满足读者对象的需要，因而能占据稳定的市场份额，成为各出版社争相出版的“香饽饽”。

湖北美术出版社出版的《郦纬农画室・水粉静物讲析示范》《郦纬农画室・水粉风景讲析示范》系列丛书就是一个利用名家效应获得成功的典型案例。郦纬农的著作在浙江人民美术出版社、中国美院出版社、湖北美术出版社、湖南美术出版社等全国各大出版社均有出版，湖北美术出版社以选题新颖、读者定位准确、质优价廉的优势，从众多出版社中脱颖而出，该系列的两个单本均重印5次以上，其中《郦纬农画室・水粉静物讲析示范》因市场需求量大，读者反映好，销量尤佳。而湖南美术出版社出版的《郦纬农色彩静物解析》虽然也属畅销书一列，发行册数却远不如湖北美术出版社。笔者通过对湖南、湖北两家美术出版社在南宁书城上架的色彩图书对比后发现，湖南美术出版社的《郦纬农色彩静物解析》一书虽然也是在做名家题材，然而印刷欠佳，色彩较暗，与其他出版社同类选题同样印张的书相比，价格偏贵，读者反映也很一般。

由此可见，名家效应虽然是保证图书畅销的一个重要筹码，但质量和市场更是图书的生命力的强有力保证，在市场上同一名家同一题材由不同出版社出版的现象并不少见，品种杂芜，良莠不齐，只有选题好、质量硬、适销对路的图书才能获得长足的发展，在市场上立于不败之地。

三、编辑风格是形成市场份额的重要因素

编辑风格是编辑在编辑实践中所表现出来的相对成熟、稳定的个性与特色。编辑风格分为广义与狭义两种。广义的编辑风格是

指编辑群体在其编辑活动中所显现出来的鲜明而独特的风格，它反映出一个出版社的整体实力与综合素质。狭义的编辑风格是指编辑个体在编辑活动中所表现出来的个性与特色，是一个编辑成熟、成名、成家的重要标志。[1]编辑风格对出版部门或出版企业特色的形成起着直接的积极作用，编辑风格越明显，越易于形成出版产品的特性。

在我国的众多美术出版社中，各出版社的编辑风格各不相同，形成了“百花齐放、百家争鸣”的局面，一方面繁荣了图书市场，丰富了文化事业；另一方面，也促使市场竞争更加激烈、残酷。以色彩图书为例，湖北美术出版社出版的高考、技法、教材类图书在市场上比较常见，如《你一定能上大学——30天突破高考色彩》《色彩要点教学》《美院基础实训教材——色彩风景》等；天津人民美术出版社有个人画集，如《黄有维水彩画精选》；西泠印社、天津杨柳青画社除了个人画集，也有高考技法书上架，如《美术院校高考前基础训练单个色彩静物临本》《美术院校临考辅导丛书·走进美院丙烯画与静物花卉写生》等；金盾出版社有色彩技法类图书，如《绘画提高训练丛书·水粉静物》；中国电力出版社有色彩外文书，如《蜡笔画入门》。从南宁书城的上架情况及读者反馈来看，这些图书销量良好，满足了不同读者的消费需要，以其独特的编辑风格占据了不同的市场份额，更深刻、更持久地影响着读者。

其中值得一提的是湖北美术出版社出版的《你一定能上大学——30天突破高考色彩》，该书印数8000册，规格889 mm × 1194 mm，1/12，3印张，定价18元。它的独到之处在于：采用国外技法书的编辑风格，运用大量的图分解作画的具体过程，每一步都讲解得很细微，这不仅是对其他技法书的超越，也符合了目前广大考生起点较低，需要一步一步慢慢学起的要求；另外，其书名刺激了考生心理，迎合了市场需求。

编辑风格的形成，一方面是自发的过程，是市场细分的结果，各出版社和出版企业为在激烈的市场竞争中求生存，不断地寻找市场空间，针对不同的读者形成不同的风格；另一方面是自觉的过程，受出版物宗旨及整体风格的制约，不同的出版社和出版企业形成各自的风格。总体来说，应大力提倡并鼓励出版部门及编辑人员追求自己的编辑风格，并为编辑风格的形成积极创造条件，顺应市场经济发展的潮流，促进时代的进步。

四、读者是最重要的市场因素

读者是构成出版物市场的基本要素，哪里有读者，哪里就有对出版物的需求，有什么样的读者，就形成什么样的消费需求结构。从美术色彩图书市场来看，其读者群可分为三类。

一是美术专业的高考考生。色彩是美术绘画专业高等教育中的基础训练画类，市场需求量与发展潜力最大，几乎每家美术出版社都有高考书上市，而且种类繁多，年年出新。高考色彩分为色彩静物、色彩风景、色彩头像三类，色彩头像只被中央美院、清华美院等少数几所高等院校列入高考范围，因而读者面窄，发行量少，并且多以丛书形式出现，单本较少。如湖北美术出版社出版的《新世纪美术专业教材升级版》系列丛书，化学工业出版社出版的《美术高考辅导教材》丛书，黑龙江出版社出版的《美术高考名师指导》丛书，吉林美术出版社出版的《美术高考实用教本》系列等，都是以丛书形式发行的一套三本的色彩高考教辅书，这种环路状的选题开发模式，有利于拉动图书销量的增长，形成规模效应，从而迅速有效地占领市场份额。

二是色彩画的兴趣爱好者及初学者。这部分读者是技法类图书的主要消费群体，读者面广泛，上至白发老人，下至学龄儿童都有可能成为目标读者。色彩技法类图书在市场上占据相当大的比重，近八成的美术出版社都会把色彩技法当作图书出版的重点，因为其读者需求量大，社会效益、经济效益都相对较好，目前尚未出现技法书门庭冷落的现象。比较成功的选题有中国水利水电出版社出版的《任性画！不打草稿的水彩画入门》，2019年2月第1版，2019年7月已经第3次印刷，市场反响较好。作为一本水彩教程书，《任性画！不打草稿的水彩画入门》的优势在于采用不画线稿直接绘制的技法，降低绘制难度，即使零基础的读者也能轻松作画。该书将目标读者群清晰定位为零基础新手及兴趣爱好者，从绘画工具、调色技巧、笔法运用和绘制秘技讲起，逐一呈现植物、动物、风景、人物、食物等各个主题的28个水彩绘制案例。画风清新，步骤图解，文字简练，能吸引读者并具有学习实用性。

三是美术爱好者、美术收藏家。这一类型的读者多以购买画集为主，用于观摩、欣赏、收藏。越是名家的作品，价值越高，销量也就越好。这类书一般定价较高，装帧较为精美。如广西美术出版社出版的《路图3（沈尧伊 水粉写生 1973—1987）》，20开，定价148元。而天津美术出版社出版的《黄有维水彩画集》，出版当年第2次重印，发行5000册，在同类书中销量较好。

五、色彩图书的销售情况

重印和再版主要是指同一出版物的再次印刷。只有那些质量高的、在一段时间里有社会需求的图书，才能够进行重印或再版。能否重印或再版是判断图书是否畅销的重要指标。

比较成功的选题是浙江少儿出版社出版的《色彩起步》，两年内重印43次，印数达到1066955册，是技法类图书销售榜中的领头羊。该书定位清晰，以学龄儿童作为目标读者，善于挖掘市场潜力，把握市场先机，较早推出少儿技法书，成功抢占了市场份额。另外该书为著名画家郦纬农的作品，画风简单明快，画面干净明亮，深受小读者的喜爱，印刷质量好，定价低也是其在市场上占据优势的主要原因。

另外，广西美术出版社出版的《佳翼少儿美术教程》系列丛书中的“水彩笔”“水粉”分册也实现了多次重印，该丛书每册均有详细的教学指导要点、教师范画和精彩的学生作品，丛书式分类选题的推进，也极大地占据了市场份额。

通过读者反馈以及图书的对比分析，不难发现此类畅销书都具有简洁大方、不花哨、印刷好、质量高、定价适中的特点，并且善于选用名家之作。而滞销书大多印刷灰暗，浮华不切实，质量差，不能满足读者需要。

此外，色彩图书的销售情况也受书店环境、上架位置的影响。干净整洁的环境容易激发消费者的购买欲。上架位置适中，伸手可及，方便读者取书、阅书，同样也能增加消费者买书的概率。反之则不然。以金湖广场的南宁书城为例，美术图书书架干净整齐，环境宽敞明亮，耳边有优雅的轻音乐相伴，让人身心舒畅，不禁在书架前驻足停留。有经验的书店工作人员告诉笔者，消费者在书店逗留的时间越长，买书的可能性就越大，所以他们尽可能把书店环境布置得安静舒适，让消费者流连忘返。经笔者仔细观察，发现美术类图书的书架分为三层，最上层与肩同高，伸手可及，取书、翻书最为方便。此层多为上市新书，并且开本适中（787 mm × 1092 mm， 1/8），可以直立靠在书架上，一目了然。最下一层多为技法类教学书，开本较大（889 mm × 1194 mm， 1/12），宜横放在最低层，既整齐又节省空间。

叶圣陶先生关于编辑出版工作曾有一句名言，即“有所为，有所不为”。他说：“开明书店是一个私营书店，当然要赚钱的……但开明不光为赚钱，我们有所为，有所不为：有所为，就是出书出刊物，一定要考虑如何有益于读者；有所不为，明知对读者没有好处甚至有害的东西，我们一定不出。这样做，现在叫做考虑到社会效益，我们决不为了追求经济效益而不顾社会效益，我们决不肯辜负读者。”[2]图书出版从业人员为谋求自身发展，努力创造经济效益以外，还应将社会效益放在首位，以为读者服务为根本工作宗旨，开展选题策划、编辑加工以及市场推广等一系列出版活动。深入了解图书市场，有利于出版从业人员有效地开展工作，但出版从业人员决不能将目标仅仅局限于图书市场份额的扩张、码洋的增长，更应该牢记出版工作社会效益第一的原则和为读者服务的宗旨。

在出版产业化的今天，美术色彩图书市场机遇与挑战并存，这给出版机构及广大的出版从业人员提出了更高的要求，要迅速及时掌握出版物市场的反馈信息，了解读者需求，紧跟社会风尚的变迁和学科发展的趋势，整合出版机构的内外部资源，做出独特创新的选题，促进经济效益与社会效益的长足发展。

（李巧灵，广西民族出版社）

参考文献

[1] 吴平.编辑本论［M］.武汉：武汉大学出版社，2005：154.

[2] 邵益文.一切为了读者：叶圣陶编辑思想的核心——在叶圣陶编辑出版思想和实践研讨会上的发言［J］.淄博学院学报（社会科学版），2000（2）.

浅谈编务工作者在意识形态工作中应挑起哪些新任务

梁秋芬

意识形态工作是党的一项极端重要的工作。出版社是意识形态建设中的重要力量，是党的宣传思想工作的主阵地之一。在新的形势下，出版社的总编室（或编务室）作为图书生产线上的中枢部门，除了常规的职能职责，还应该主动承担哪些新的工作呢？笔者在图书编辑岗位上从业近20年，最近几年开始接触编务工作，对于这个问题有一些粗浅的思考，抛“砖”出来与各位同行一起探讨。

首先，编务工作者要协助社领导班子做好出版主业方面的制度建设与制度执行，这是图书出版工作落实意识形态责任的“骨骼”，坚硬的骨骼支撑起来了，各种姿态才不至于变形过甚、远离核心。这方面的工作包括严格遵守《出版管理条例》《图书质量保障体系》等法律、法规、规章；选题规划要坚持专业出版的原则，拒绝粗制滥造选题，对涉及政治、军事、安全、外交、宗教、民族等敏感问题的重大选题和其他需宏观调控的重大选题，严格执行重大选题备案制度；严格执行三审制度、责任编辑制度、责任设计制度、三校一读制度、图书重版前审读制度、稿件及图书质量资料归档制度；加强审编校人员（包括新进入出版行业的人员）的业务培训，严格执行《出版专业技术人员职业资格管理规定》；严格执行《地图管理条例》以及涉及政治、民族、宗教、台港澳等内容的规范性文件；坚持图书印刷质量标准，严格执行印刷委托书制度、图书成批装订前样书检查制度等；加强网络意识形态安全工作，强化信息网络和应用系统安全运行保障，定期开展信息网络和应用系统安全自查，规范数据保护和备份，在出版社网站、微博、微信上发布内容，也遵守审、编、校各级把关的工作制度，明确责任人和分管领导；作者资源管理，建设“作者信息数据库”，责任编辑通过新闻报道等渠道，及时掌握作者的社会活动情况，关注舆情动向，及时排查涉及意识形态的风险点；完善报告制度，及时向主管部门报告意识形态领域的重大情况并提出建设性意见；完善追责制度，对导致意识形态工作出现不良后果的相关责任人，要严肃追究其责任，坚持有错必纠、有责必问，确保落实意识形态工作责任的关键环节不缺失。

其次，编务工作者要站在宏观的角度，定期分析研判意识形态领域的情况。对意识形态领域情况的分析研判，由党总支（党支部）、出版社领导班子牵头组织实施，编务工作者在上下互通、及时准确通报有关情况方面要担负起重要的责任，使信息传达到每一位编辑、校对人员，这种密切配合要形成工作制度。编务工作者在分析研判意识形态领域情况的时候，要结合政策、方针、最新文件要求等，分清主流支流，辨析思想文化领域的突出问题，对思想理论、新闻舆论、文化艺术、社会舆情、思想道德、网上舆情等进行分析研判。编务工作者还要对重大敏感时间节点、重大舆情热点需注意问题进行前瞻性分析研判，对特定领域和群体重要情况随时进行分析研判。此外，编务工作者还要善于“借力”，健全完善组织协调、社会调查、科学分析、工作保障等机制，推动意识形态领域情况分析研判工作科学化、规范化。

再次，在新的出版形势下，编务工作者应该主动参与重大出版项目的管理工作。当下，我国的出版可以大致划分为四个方向：主题出版、教育出版、学术出版、大众出版，每一个方向上，都有值得深挖细作的重大选题，无论什么项目都离不开意识形态把关的工作。编务工作中的管理项目，主要针对的是具有顶层设计属性、可开拓或强化某一板块、纳入中长期规划的重点项目，尤其是有一定规模的，需多个编辑部通力合作的丛书、套书。编务工作者主动挑起这个任务，是在“出精品、铸高峰”的时代要求下，进一步发挥“协调、服务、参谋”作用的必然结果，是一种责任担当。具体表现为以项目为核心，沟通上下内外，协助社领导做好全局规划工作（如组稿合同、出版合同、设计合同等法律文书的审改，出版进度计划，经费计划，宣传推广计划等），并在后续出版各环节中监控进度、把控质量，尤其是意识形态方面的把关、调配人力物力、处理突发问题等。

笔者所在的出版社，处在广西这块民族文化资源“富矿”地区，民族团结进步创建工作需要出版人有更强的使命意识去规划选题、实施好重大出版项目。就这样特定的背景环境而言，做好民族题材图书的出版工作有两个基本原则。一是要做到正本清源，客观准确地传播民族文化知识；二是要与时俱进，守正创新，全面贯彻党的民族政策。正本清源——出版人要有一定的知识储备，全面、客观、准确地了解民族知识、民族文化、党的民族政策。在接到民族题材的书稿时，编辑、校对人员必须牢牢把握住思想性、科学性、知识性。正确介绍民族政策、民族工作和民族常识。坚持马克思主义唯物史观，正确对待民族历史。客观介绍民族文化知识，理性对待风俗习惯。确保民族题材类出版物内容正面积极，全面客观反映事实，科学理性地进行研究分析。守正创新——习近平同志在党的十九大报告中强调“铸牢中华民族共同体意识”，这是习近平同志关于民族工作重要论述的重大观点，是新时代开展民族工作的重要原则，也是指引出版人今后做好民族题材图书出版工作的指针。我们在发掘作者、作品，策划、论证选题，编辑、加工书稿的各个环节，要时刻牢记我国是统一的多民族国家这一基本国情，准确把握各民族“你中有我、我中有你，谁也离不开谁”的多元一体格局，深刻认识“多元”与“一体”的辩证统一关系，既尊重“多元”，更强调“一体”，通过打造优秀的出版物来增强各民族群众对中华民族“多元一体”之“一体”的认同。这些都是在民族出版工作中，对意识形态工作要求的贯彻落实。

最后一点，笔者想从“队伍建设”的角度，谈谈在加强意识形态工作中编务工作者的作用。意识形态工作的效果，呈现为图书产品，但归根溯源，是要从思想上、业务上做好编辑、校对人员的培养工作。从这个层面来说，在出版主业制度建设与执行、意识形态领域宏观形势研判、重大项目管理等方面都比较熟悉情况的编务工作人员，在对编校人员进行意识形态教育的工作中，也可以发挥非常重要的作用。编务工作中的“育人”，有别于人力资源部门的工作，主要针对的群体是进入出版行业不久，定位在编辑、校对岗位上的新人，以及有一定出版工作经历，但是之前没有接触过专业出版领域（比如民族出版工作）的编校人员。编务工作者参与培养人才队伍，可以分为三个层次：一是“行业教育”，考虑到很多进入出版行业的新人之前并没有在出版编辑相关专业学习过，因此先要向他们介绍出版行业工作特点及基本规律，尤其是介绍三审制度、重大选题备案制度、责任编辑制度、三校一读制度等；二是“社情教育”，比如在民族出版社，要结合国家民族工作的方针、政策，针对民族出版社的专业特点、主业规划做入职上岗的专业教育；三是最为重要的“意识形态教育”，结合当前国内外舆论形势及时事热点、出版案例，做意识形态建设方面的常识教育，从一开始就要帮助他们铸牢“出版无小事”的观念。

加强编辑、校对队伍建设，进而确保出版质量，确保意识形态领域安全，就要在思想上进一步重视这些专业人员在出版工作中不可替代的重要作用。不是什么人都能胜任编辑、校对工作的。在入职、上岗的环节，要严格把关，把专业匹配、语言文字功底好、学习能力强、乐于钻研、学识较广博、能专注做事的好苗子优先放到编辑、校对岗位上培养、锻炼。还要注意在一代代出版人的培养、交替中，及时补充新鲜力量，使编辑与校对人员的比例长期保持科学合理的态势，确保出版社配备足够的具有专业技术职称的编辑人员与专职校对人员。“足够”的合理值，按照书稿的不同类型以及编辑发稿量推算：文字量大的主题类、学术类书稿，编辑、校对人员比例（合理值建议）是3∶1；文字量大的文艺类书稿，这个比例可以是4∶1；图片为主的书稿，这个比例可以是5∶1。可以以五年为“一代”，做好编辑、校对人员“代代相传，青蓝相接”的工作，让编校队伍“不断代”，避免出现“青黄不接”的情况。此外，还要更科学合理地对校对工作进行考核，爱护人才，激励人才。数量定额与质量指标相结合，是通行的考核方法。建议数量定额应该动态调整，因人因事而异：不要超过人的视力、大脑反应的速度和持续承受时限，要区别对待不同性质、不同难易程度的书稿以及不同的校对操作方法。相关的奖罚制度要完善，以鼓励、奖励为主，对超额完成工作、做出突出贡献的校对人员要嘉奖。

新时代的编务工作者，通过在上述四个方面主动担当作为，协助社领导班子及关键部门，构架好制度这一“骨骼”，主动研判错综复杂的外部环境，对内管理好重大项目、促进编校人才队伍建设，打好这样的“组合拳”，为出版工作中的意识形态安全保驾护航。

（梁秋芬，广西民族出版社）

提高政治站位和思想自觉　坚守出版工作初心使命

梁秋芬

2021年7月1日上午，庆祝中国共产党成立100周年大会在北京天安门广场隆重举行。中共中央总书记、国家主席、中央军委主席习近平发表重要讲话。习总书记的讲话，深情回顾了中国共产党百年奋斗的光辉历程，高度评价了一百年来中国共产党团结带领中国人民创造的伟大成就，庄严宣告了“我们实现了第一个百年奋斗目标，在中华大地上全面建成了小康社会”，精辟概括了伟大建党精神，全面总结了以史为鉴、开创未来的“九个必须”，并号召全体中国共产党员在新的赶考之路上努力为党和人民争取更大光荣。习总书记这次讲话，高屋建瓴、思想深邃、内涵丰富，具有很强的政治性、思想性、理论性，体现了深远的战略思维、强烈的历史担当、真挚的为民情怀，是一篇马克思主义的纲领性文献，为全党全国各族人民向第二个百年奋斗目标迈进指明了前进方向、提供了根本遵循。

庆祝大会之后，习总书记这篇重要讲话引起了社会各界的热烈反响。笔者作为在出版行业从业已近二十年的一名党员编辑，除了深入领会这次重要讲话的精神实质，还重点从做好出版工作的政治站位和思想自觉的层面去思考。

细读这篇重要讲话，可以明确它分为两方面内容。一是回顾中国共产党百年奋斗的光辉历程，总结为“四个伟大成就”：为了实现中华民族伟大复兴，中国共产党团结带领中国人民，浴血奋战、百折不挠，创造了新民主主义革命的伟大成就；为了实现中华民族伟大复兴，中国共产党团结带领中国人民，自力更生、发愤图强，创造了社会主义革命和建设的伟大成就；为了实现中华民族伟大复兴，中国共产党团结带领中国人民，解放思想、锐意进取，创造了改革开放和社会主义现代化建设的伟大成就；为了实现中华民族伟大复兴，中国共产党团结带领中国人民，自信自强、守正创新，统揽伟大斗争、伟大工程、伟大事业、伟大梦想，创造了新时代中国特色社会主义的伟大成就。二是展望中华民族伟大复兴的光明前景，总结为“九个必须”：必须坚持中国共产党坚强领导；必须团结带领中国人民不断为美好生活而奋斗；必须继续推进马克思主义中国化；必须坚持和发展中国特色社会主义；必须加快国防和军队现代化；必须不断推动构建人类命运共同体；必须进行具有许多新的历史特点的伟大斗争；必须加强中华儿女大团结；必须不断推进党的建设新的伟大工程。

在“必须继续推进马克思主义中国化”这一点中，习近平总书记作了这样的展望：新的征程上，我们必须坚持马克思列宁主义、毛泽东思想、邓小平理论、“三个代表”重要思想、科学发展观，全面贯彻新时代中国特色社会主义思想，坚持把马克思主义基本原理同中国具体实际相结合、同中华优秀传统文化相结合，用马克思主义观察时代、把握时代、引领时代，继续发展当代中国马克思主义、21世纪马克思主义。这一点，可以给我们的主题出版、理论出版更明晰、更坚定的方向。笔者着重关注的是“把马克思主义基本原理同中国具体实际相结合、同中华优秀传统文化相结合”这个高光点。笔者的学习心得是：对中国社会的发展进步而言，马克思主义和中华优秀传统文化，哪一个都丢不得，无论丢了哪一个都不利于中国社会的发展进步；把马克思主义与中华优秀传统文化相结合，是推进马克思主义中国化、实现中华优秀传统文化的创造性转化和创新性发展的客观需要和必然要求。那么，二者如何结合呢？我们应当看到中华优秀传统文化与马克思主义确实有着不少天然的契合相通之处，其中蕴含着丰富的具有社会主义和马克思主义特征的朴素的思想因素。比如，大道之行、天下为公、大同社会的思想与共产主义理想，废私立公、贫富有度、与天下同利的思想与消灭私有制、实现共同富裕的主张，以民为本、以政裕民、安民富民的思想与马克思主义的群众观，万物自生、不信鬼神、重视人事的思想与马克思主义的无神论，以道制欲、不为物使、俭约自守的思想与马克思主义的消费观，克己奉公、集思广益、群策群力的思想与马克思主义的集体主义思想，知行合一、以行为本、知易行难的思想与马克思主义的认识论，道立于两、阴阳共生、物极必反的思想与马克思主义的辩证法之间，都有着天然的契合相通之处。这些具体的课题，每一个都可以成为出版选题策划的切入点。

在“必须进行具有许多新的历史特点的伟大斗争”这一点中，习近平总书记作了这样的展望：新的征程上，我们必须增强忧患意识、始终居安思危，贯彻总体国家安全观，统筹发展和安全，统筹中华民族伟大复兴战略全局和世界百年未有之大变局，深刻认识我国社会主要矛盾变化带来的新特征新要求，深刻认识错综复杂的国际环境带来的新矛盾新挑战，敢于斗争，善于斗争，逢山开道、遇水架桥，勇于战胜一切风险挑战。作为一名出版工作者，笔者能深刻体会到宣传工作、文艺工作与民众思想、社会舆论息息相关。在总体国家安全观中，以人民安全为宗旨，以政治安全为根本，以经济安全为基础，以军事、文化、社会安全为保障，以促进国际安全为依托，不同行业不同岗位的人都有“安邦”的责任与义务。宣传出版工作是我们党取得革命、建设、改革胜利的重要手段。当下，出版行业要不断加强阵地管理力度，切实增强意识形态工作话语权。在意识形态领域里，如果社会主流意识不去主动占领阵地，其他社会思潮就会蜂拥而上。出版人的使命就是要持续推出精品力作，不断广泛深入宣传习近平新时代中国特色社会主义思想，用其武装广大干部群众头脑；不断深化中国梦宣传教育，使中国特色社会主义旗帜高高飘扬；进一步加强社会主义精神文明建设，推进社会主义核心价值观落细落实落小；结合“两学一做”“不忘初心、牢记使命”等主题教育活动深入开展的契机，引导广大干部群众坚定理想信念、增强“四个自信”，推动主流意识形态不断巩固壮大；站好宣传阵地，用好宣传武器，扶正祛邪、激浊扬清，对那些攻击党的领导和我国社会主义制度的错误言论，对那些挑战价值底线、践踏社会良知的失德行为，要坚决批驳、抨击、惩戒，进而确保意识形态领域主流声音铿锵嘹亮，正能量丰盈充沛。总之，出版人要不断提高做好出版工作的政治站位和思想自觉，在意识形态领域这片不见硝烟的战场上，时刻警惕，牢牢把好关口，做到守土有责、守土担责、守土尽责。

在“必须加强中华儿女大团结”这一点中，习近平总书记作了这样的展望：新的征程上，我们必须坚持大团结大联合，坚持一致性和多样性统一，加强思想政治引领，广泛凝聚共识，广聚天下英才，努力寻求最大公约数、画出最大同心圆，形成海内外全体中华儿女心往一处想、劲往一处使的生动局面，汇聚起实现民族复兴的磅礴力量。笔者所在的广西民族出版社，在促进地区民族团结进步工作中，有着天然优势和义不容辞的责任。作为民族出版人，我们要毫不动摇地坚持中国共产党领导，聚焦中华儿女大团结，紧紧抓住铸牢中华民族共同体意识这条主线，全力以赴做好本职工作，为推动中华民族走向包容性更强、凝聚力更大的命运共同体做出积极贡献。结合出版工作实际情况来说，我们出版人首先要做到正本清源——要有一定的知识储备，全面、客观、准确地了解民族知识、民族文化、党的民族政策。在接到民族题材的书稿时，编辑、校对人员必须牢牢把握住思想性、科学性、知识性。正确介绍民族政策、民族工作和民族常识。坚持马克思主义唯物史观，正确对待民族历史。客观介绍民族文化知识，理性对待风俗习惯。确保民族题材类出版物内容正面积极，全面客观反映事实，科学理性地进行研究分析。其次是要做到守正创新——在发掘作者、作品，策划、论证选题，编辑、加工书稿的各个环节，要时刻牢记我国是统一的多民族国家这一基本国情，准确把握各民族“你中有我、我中有你，谁也离不开谁”的多元一体格局，深刻认识“多元”与“一体”的辩证统一关系，既尊重“多元”，更强调“一体”，通过打造优秀的出版物来增强各民族群众对中华民族“多元一体”之“一体”的认同。

以上几点，就是笔者粗浅的学习心得和对今后出版工作的思考。笔者将把这些感悟转化成工作新动能，在出版编辑的工作岗位上继续坚持高标准、严要求，不断提高政治站位，不断加强思想自觉，以出版精品立身立业，并继续学深悟透笃行，响应习总书记号召，不忘初心、牢记使命，在新时代中国特色社会主义思想指引下，迎接机遇和挑战，投入更大热情策划主动服务国家发展战略的选题，打造优良的作品以增强当代中国新人新事新气象的表现力、传播力、影响力。

（梁秋芬，广西民族出版社）

出版人的时代使命

——《人间有大爱——抗击新冠肺炎疫情诗选》出版始末

张惠琼

从事出版行业多年，虽编了不少书，可令我至今难忘的还是2020年初春时所编的诗选《人间有大爱——抗击新冠肺炎疫情诗选》（简称《人间有大爱》）。该书由中国作家协会《民族文学》主编、编审，中国少数民族作家学会副会长石一宁担任主编；中国作家协会副主席、书记处书记，著名诗人吉狄马加提供诗作并作序；收录了全国优秀抗疫诗歌 94 首（组），并为每一首（组）诗都配上了音频二维码。从收集诗作、编校、送审到最终印制装订，这本诗选的出版前后只用了一个月左右的时间，是我社成立60多年来推出最快的一本书。在全国抗击新冠肺炎疫情最紧张最关键的时刻，这本诗选的出版，正如吉狄马加在序言中所说“自觉担当起文学的使命”，用诗歌的声音达到了弘扬主旋律、讴歌“逆行者”、传递正能量、鼓劲鼓人心的出版目的，记录了特殊时刻民族的情感，彰显了诗歌的责任，为特殊时期的中国诗歌留下了一份珍贵的“档案”。

前期策划与准备

2020年春节前夕，新冠肺炎疫情在全国多地暴发。随着确诊感染人数不断增加，出现感染者的省份不断扩大，这场由局部开始的疫情逐渐扩散成为全国性的一场疫病，牵动着大家的神经，令人紧张、不安。

在全国人民团结一心、众志成城抗击疫情的时刻，诗人们肩负起文学的使命，以自己对生活的敏锐感触，创作了大量的诗歌作品，并通过报刊和新媒体等多种渠道发表，用文字、用诗歌记录全国人民同舟共济、共克时艰的感人故事，表达对疫情的痛恨、对英雄的人民的敬佩之情。

正是在这样的背景之下，社长石朝雄敏锐地看到了这些诗歌的社会作用。基于出版人的使命感，他放弃春节假期，当即开始策划有关抗击新冠肺炎疫情的选题，并与北京专家联系，进一步明确细节，最后定下选题《人间有大爱——抗击新冠肺炎疫情诗选》，并邀请中国作家协会《民族文学》主编、编审，中国少数民族作家学会副会长石一宁担任该书主编。石主编欣然应允。

1月26日，农历大年初二，北京，大风降温。石主编端坐于电脑前，开始搜索这段时间发表在各大报刊与新媒体上的相关诗歌作品。从这些海量诗歌作品中筛选，在保证作品质量的同时，还要兼顾创作者的地域代表性，这工作的难度与强度，可想而知。整整一个春节假期，石主编和本书的特邀编辑、《民族文学》第一编辑室主任杨玉梅都在对诗歌进行搜集、筛选、整理和确认。他们牺牲了新春佳节与家人相处的美好时光，以强烈的社会责任感和使命感，抓紧时间组稿整稿，只为保证用最短的时间完成诗选的定稿工作。

2月2日，农历大年初九，南宁，天气晴暖。出版社按相关规定已经开始实行弹性工作制。这一天，我接到分管领导徐美副社长的电话，她告诉我，社里要第一时间尽快出版抗疫诗选，让我尽快与北京的杨主任联系，拿到相关资料，抓紧报选题。接完这个电话，我一直处于兴奋状态。在这个特殊时期，能出版这样一本涵盖全国各地诗人优秀作品的诗选，用诗歌鼓舞人心、激励士气，为抗击疫情做点出版人力所能及的事，是我的荣幸。我当即和杨主任联系，第二天就拿到了相关资料并上报选题。我社编务室的同志第一时间处理该选题的上报工作，在最短的时间内帮我们争取到了自治区出版局的选题批复。

2月6日，我拿到了北京传来的诗选稿件。当天，就开始了诗选的初审工作。由于实行弹性工作制，稿子是在家全程用电脑完成初审工作的。用电脑审稿，这对于我这个长期习惯纸质稿的编辑来说，很是不习惯。审稿时，我既要保证原稿留底，又要体现对稿件的修改，进度被拖慢。但是，书稿必须尽快出版，一切困难都要创造条件解决，要赶进度，必须加班加点。

在审稿的同时，我也在考虑装帧设计者人选。我认为，诗选虽是纯文字的稿子，但是要想装帧设计效果好，还不能只是单纯地给排版人员一个模板，而是要找一个既能设计又能排版的人，他会根据诗歌的语境、情感来分页断行，以保证整本书稿的排版达到他想要的设计效果。彼时，因为防疫需要，我与设计者无法面对面交流，而印刷厂和出版社还没有完全复工，许多工作难以顺利推进。考虑到这一点，我提前与设计者进行线上沟通，告知设计要求，敲定完成设计与排版的时间。之后又与校对部和出版科联系，希望校对部能为我安排两名资深校对配合我线上完成校对工作，出版科则帮我与工厂提前做好协调工作，保证每个校次能及时出样，按要求制作送审的样书等。大家都为能够参与这项出版工作感到高兴，个个摩拳擦掌、斗志昂扬，誓要以最短的时间完成该书的出版。

精心打磨

一部书的诞生，编辑与作者的默契配合是成功的基础。当我在社领导的全力支持下，踌躇满志地投入编辑工作之际，杨主任也源源不断地将精选的诗作发来给我。在审读这些诗作时，我被其中反映的感人事迹、蕴含的深沉爱国情感所感染，常常读着读着就红了眼眶。在深深感动的同时，又非常佩服编者的选诗水准。要知道，做一部诗选，选诗是首要工作。有些诗歌，虽是反映抗疫，但给人消极绝望之感，这便不宜选入，再由于这本书体量所限，所以选择要精。因此，如何在全国众多的抗疫诗歌中选出精品，并且涵盖各个地区的诗人，是十分考验编者能力的。好在编者在发稿给出版社之前做了初选与审定，为后续的工作打下了基础。经过与编者的沟通，入选本书的诗歌定位为聚人心鼓士气、致敬英雄壮举、礼赞中国力量这三个方面。在此基础上，为了尽可能全面地把全国各地的好诗都收录进来，编者做了大量的工作，从数百首已发表的抗疫诗歌中初选诗作100余首发给编辑。编辑则在此基础上，以习近平总书记关于疫情期间新闻工作的要求为指导思想，以“广泛宣传一线医务工作者、人民解放军指战员、公安干警、基层干部、志愿者等的感人事迹，在全社会激发正能量、弘扬真善美，推动社会主义精神文明建设”为编辑出版的宗旨，严把诗歌导向关、质量关，删改和替换了一批诗歌，最终选定94 首（组）诗歌，并大致按照诗歌发表媒体所在地归属的行政区划排序。

细节最能体现编辑的责任心，也是提高书稿质量的关键环节和着眼点。这本书需注意的细节较多，仅概括其中七个主要方面加以说明。

1. 所收诗作的来源。这本书共有94首（组）诗歌作品，其中绝大部分是已在报刊或网络上正式发表的，少部分为约稿作品。由于出版时间较急，这些诗作先行收入，大部分取得了作者授权，小部分暂时未能联系上作者，但也在后记里说明了情况，请作者与出版社联系。

2. 封面设计的思考。封面设计者换了两拨人。最开始由内文设计者承担封面设计任务，出了若干个封面设计方案，没有图案，而是以书名排版效果、强烈的色彩对比和特种纸张的质感来表现。考虑到这本诗选的内容及要表现的主题，此类设计方案均不合适，于是放弃。现在的封面方案则是白色底，以穿着防护服的医务人员为单色底图，两条蓝绿色装饰色带横贯封面封底，垂直交叉，象征着防护服上的蓝绿色接缝密封条。书名字体，经过美术编辑反复挑选确定，最后定下黑色粗体艺术字效果。工艺上，设计书名过磨砂UV，色带过亮面UV，整体效果非常有质感。

3. 关于内文设计。内文设计为双色，标题和落款一个色，诗人名和诗歌正文为黑色。为使全书整体色系统一，配合着封面色带的蓝绿色，内文标题和落款、内封及插图由原来的朱红色统一改成了蓝绿色，喻示着蓬勃的生命力。做此修改，也是经过多次打样后确定下来的。两幅插图由美术编辑根据本书主题而创作，向疫情中的最美“逆行者”致敬。另外，考虑到本书为一本诗歌类文学作品，篇幅虽多，但实际文字较少，因此将这本书设计为32开大小。同时，为追求雅致，正文也排得比较疏朗、简洁，省略了书眉，整体清爽干净，阅读体验较好。

4. 细微之处的谨慎。为渲染新冠肺炎疫情来势猛烈，给疫区带来的灾难，一些诗歌作品部分用词惊悚夸张，以示疫情之“惨烈”；一些诗歌作品则是在部分段落中将悲痛、绝望之情极尽渲染之能事。这些词语、句段，在整首诗中所占比重较小，但如不处理，易让读者误解，对此编辑必须有敏感的政治头脑，将这些存在导向问题的用词与段落处理好。

5. 多次审校，只为出精品。从选诗开始，编者就以自己的文学素养在审读诗歌。当定稿全部交到出版社手上时，编辑与校对更是对这些诗歌作品进行了严谨的三审三校工作。其间，还两次向上级出版管理单位送审：一次是直送中宣部出版局，一次则是送自治区党委宣传部出版管理处。经过权威审读，所出清样最后由主编再次审读签字定稿。如此多次审读把关，我们才放心地将书稿交到印刷厂。

6. 跟机印刷，确保印制质量达到出版要求。跟机印刷，重点在封面。为了保证成品达到设计效果，我与美术编辑亲自到印刷厂盯印封面。而印刷厂也非常重视这本诗选的印刷。为配合我们的出版时间并确保印刷质量，特意应用了最好的技术，安排了最好的设备和最好的人员。大家一起调色、看样、矫正、试印，经过大半天的努力，最终印出了让人满意的效果。由于这本诗选是广西第一本有关抗击新冠肺炎疫情的文学作品，广西电视台闻讯而来，用镜头记录下了这段跟机印制的过程。

7. 为了让读者得到更多的诗歌体验，诗集不仅推出纸质版，还以电子版、音频和代表诗作视频等多种形式进行融合推送。读者只需在纸质版扫描二维码，就可以欣赏诗歌朗诵音频，希望能够用声波中的铿锵音节驱散疫情阴霾，以书籍上的温暖文字抚慰人心。

出版感怀

诗选出版后，我通过多种渠道了解到，由于我们第一时间策划组稿并出版这本诗选，《人间有大爱》成为当时全国首批、广西第一本抗疫诗集，在社会上反响极大。3月初，在不违反防疫抗疫要求的前提下，出版社为该书举办了新书发布会，并向图书馆、医院、社区、学校和教育基金会等单位与机构赠书；广西电视台《遇见好书》栏目播出抗疫主题图书节目，对《人间有大爱》进行了详细报道，并邀请诗人、编辑等畅谈创作与出版心得；多家中央及自治区报纸以及新媒体对这本诗选的出版进行了报道；广西出版协会将该书评为“广西防疫抗疫优秀出版物”，广西民族出版社也为此被评为“广西防疫抗疫先进单位”。

每次回想起这段难忘的出版经历，我都激动不已，感慨万千。当时之所以选择以诗歌作为出版的切入点，是因为当国家有大事发生时，诗歌往往是反应最快的，而且，相对于其他文学形式而言，诗歌的表现形式更具张力，更能引起读者的共鸣，更能给人以抚慰、信心和力量。正如吉狄马加在序言中所写的：“文章合为时而著，歌诗合为事而作。在这场波澜壮阔的人民战争中，文学怎能缺席，诗人何不发声！”在全国人民齐心协力、众志成城抗击新冠肺炎疫情的形势下，除了奋战在前线的广大医护人员，每个行业都在用自己的方式助力抗疫。作为广西唯一的公益性出版社，广西民族出版社理当主动作为，履行使命担当，为同舟共济抗击疫情提供强有力的精神文化支持。我们出版这本诗选，正是为了表达广大诗歌作者，也包括本书编者和出版者，对疫情的关切、对生命的珍重和对同胞的牵挂之情，希望诗人们的声音能够传播得更广、更响亮，彰显文学的时代使命、责任和担当！

（张惠琼，广西民族出版社）